JN005365

すごい事故防止

これだけ教えれば

自動車事故が８割減る！

って知ってた？

企業開発センター交通問題研究室

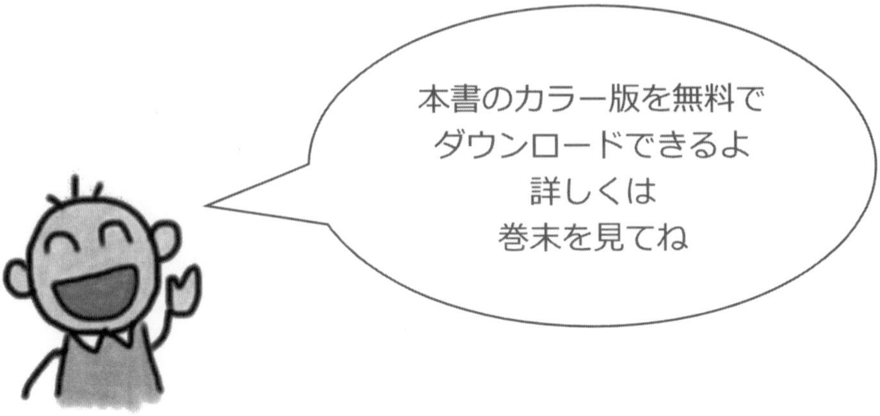
本書のカラー版を無料で
ダウンロードできるよ
詳しくは
巻末を見てね

まじか！…

— 目 次 —

【Q&A 一覧】

本書に出てくるQ&Aを最初にまとめてみました。

ここだけ読んでも効果ありそうですよ。

【Q&A一覧】

はじめに

Q.１　自動車事故を防止するための具体的な方法はありますか？

A.　あります！

これから、【３つのすごい事故防止法】をご紹介します。

第１部　まず自動車事故の原因を知ろう！…事故の根本原因ってなに？

Q.２　そもそも、自動車事故ってたくさん出てきますが、なんのことをいっているのですか？

A.　この本では、自分が運転している自動車が障害物と衝突（接触）したもの全てを「自動車事故」と捉えてお話しします。

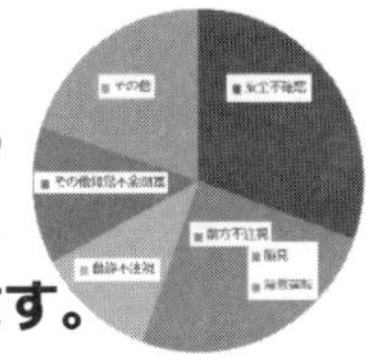

Q.３　スピードを出さないようにすれば、自動車事故は防げますか？

A.　いいえ。ほとんどの自動車事故は、低速走行時に発生しています。

Q.４　スピードの出しすぎが自動車事故の原因の第１位でないとすると、何が１番多いのですか？

A.　警察庁の統計ではたくさんの要因に分類してありますが、よく見て集約すると、１つしかありません。

Q.５　ちなみに、人間はどうやって外界の情報を知覚するのですか？

A.　人間は、五感と呼ばれる感覚器官で外界の情報を取り込んでいます。

（第六感が強いという人もたまにいますけど…）

Q.６　運転中の「発見の失敗・遅れ」は気を付けていれば、防げますか？

A. ①発見の失敗をできるだけ起こさない方策を練る

②発見が遅れても対処できるだけの時間を確保する　ことが必要です。

Q.７　一生懸命に視れば、情報を正しく確認できますか？

A.　いいえ。人間の視覚システムは、非常に優れている反面、限界（弱点）もあるので完全には無理です。

Q.８　運転中に錯視による見間違いはありますか？

A.　あります。

Q.９　前をよく見て運転していれば事故を防ぐことができますか？

A.　いいえ。前だけ視るということは、両脇への注意を怠っていることになり、これもまた脇見の一つです。

Q.１０　運転中に注意し続けることはできますか？

A.　いいえ。無理です。注意には様々な特性があります。

Q.１１　前方の車両や信号機、左右の歩行者、自転車などに同時に注意を向けることはできますか？

A.　いいえ。できません。複数の対象物に注意を払うには、一つ一つを順に、時間をかけて確認するしかありません。

Q.１２　歩行者や自転車などに早く気づく方法はありますか？

A.　あります。

Q.１３　事故を繰り返す人がいますが、いつも同じ事故を起こしていますか？

A.　そうとも言えません。

Q.１４　自動車事故が起きやすい条件や、状況はありますか？

A.　もちろんあります。

Q.１５　先急ぎの気持ちを抑えることはできますか？

A.　気持ちを抑えること自体は、不可能です。

Q.１６　「操作前の確認」・「停止状態での確認」・「車間距離の確保」をしていれば自動車事故は防げますか？

A.　防げます！ただし、次の２つのポイントが大切です。

ⅰ）正しいやり方をすること。（我流や思い込みでやらないこと）

ⅱ）いつでも、どこでも、やれるように練習をして、習慣化すること。

第２部　そもそも何が危険なの？交通環境における危険とは？

Q.１７　「安全不確認」や「脇見」などの「発見の失敗・遅れ」が事故の原因だといいますが、そもそも何を知覚できなかったのですか？

A.　交通環境における「危険」（危険対象物）です。

Q.１８　「自転車」や「横断中の歩行者」などのいわゆる直接的ハザードであるデンジャー（危険な対象物）に気をつけていれば事故は防げるのですね？

A.　いいえ！そうはいきません。交通環境における本当の「危険」は隠れているのです。この隠れた危険を探すことが重要なのです。

Q.１９　運転が「危険」とわかっているのならやらなければいいんじゃないの？

A.　そのとおりです！
リスク管理の大前提は「完全排除」＝それをやらないです。

Q.２０　壁や電柱、特に交差点などの見えない場所（死角）が多いところで気をつければいいのですね？

A.　半分そのとおりです！でも少し足りません。

Q.２１　死角に隠れている潜在的なハザードに気をつけると良いのですね？

A.　そのとおりですが、まだ足りません。

Q.２２　危険に対して敏感か鈍感か、個人差はありますか？

A.　もちろん、個人差はあります。

Q.２３　自動車事故は、道路上（交通環境下）の危険対象物（ハザード）を見落として（発見の失敗・遅れ）起きることはわかりましたが、その対処法ってありますか？

A. もちろんあります。それを伝えるのがこの本のキモです！

→「３つのすごい事故防止法」

第３部　どんな方法で事故を減らす？…危険回避への具体的な方法とは？

Q.２４　危険を回避するのだから、運転操作が上手な人は、自動車事故も少ないですよね。

A.　運転操作が上手くても、必ずしも安全とは言えません。

Q.２５　中心視が２度しかないということはわかりましたが、具体的に車間距離をどのようにして確保するのですか？

A.　５円玉を使って、一発で距離を測ります。

Q.２６　この本に書いてあった３つのすごい方法を意識して続ければ、自動車事故を防げるのですね。

A.　その通りです。でも、意識しないとできない間はまだダメです。無意識でもできる状況（いわゆる習慣化した状態）になって初めて、事故を防げます。

はじめに

Q. 1

自動車事故を防止するための具体的な方法はありますか？

A.　あります！

これから、【３つのすごい事故防止法】をご紹介します。

❶　全ての運転操作の前の確認行動

❷　完全に停止した状態での、時間をかけた確認行動

❸　進行方向への４秒間以上の無障害空間の確保

この本は、自動車事故防止を簡単に実現するための本です。

筆者は、これまで出会ったたくさんのプロドライバーさんや、運送会社の安全に関する仕事をされている皆さんなどのプロの現場の方々、交通心理学などの事故防止研究の専門家の方々、運転に関するたくさんの書物から、自動車事故防止に関する様々な考え方や方法に触れてきました。そこで、それらから、いいとこ取りをして、**自動車事故防止にすごく効果があって、すごく簡単で、誰でもすぐに取り組める方法をご紹介します。**

「３つのすごい事故防止法」をしっかりやれば、
なんと！自動車事故の８割以上を防止できます。

実は、毎年発表される事故の発生状況などを分析してみると、「発見の失敗・遅れ」が原因とされる自動車事故が、全体のおおよそ８割を占めています。

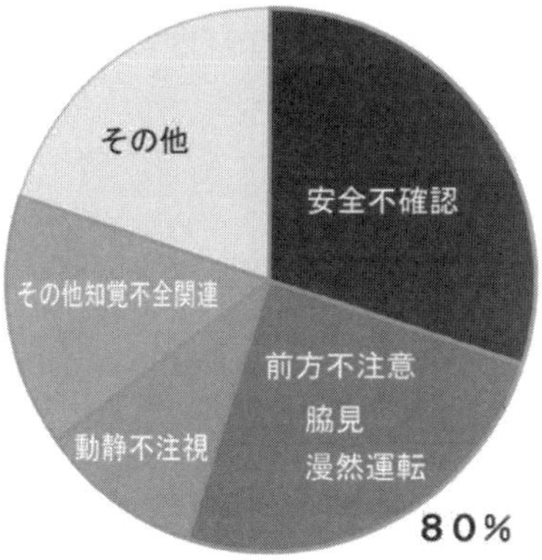

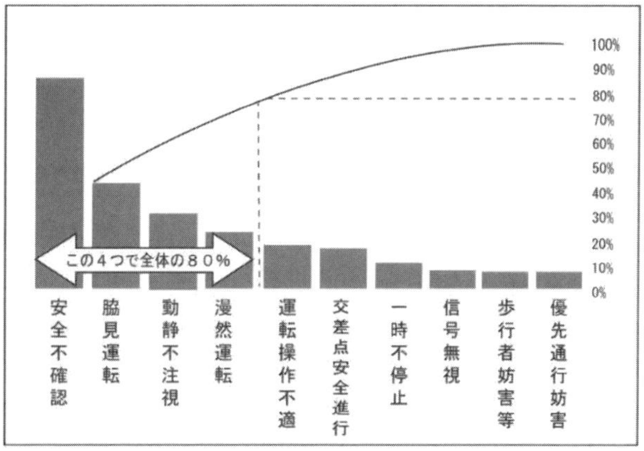

「３つのすごい事故防止法」はこの「発見の失敗・遅れ」を防止することを主な目標にしているので、正しく取り組めば、結果的に自動車事故を防止できるのです。

とりあえず、やってみませんか？

「あーわかった。」「これならすぐできる。」と思った素直なあなたは、実際の運転で正しくやってみていただくだけ。あなたの事故に遭遇する確率は劇的に少なくなっています。

と、腑に落ちないあなた。「なんでそうなるのかな？」と疑問に思ったあなた。
ぜひ最後まで読んでいただけると幸いです。どうぞよろしくお付き合いください。

○　まずは、型通りにやってみよう！

手っ取り早く結果を出す方法として、**「型通りにやってみる」**という方法があります。空手の型、柔道の型、金型、クッキーの型、いろいろな型がありますが、内容はともかく、とりあえず**正しい型（パターン、お手本）を習得**して、「型通りにやってみる」というのが、最初の**うまくいくコツ**なのです。

自動車事故は、安全不確認や脇見などによって、**危険を見落とした、危険に気づかなかったことに端を発します。【根本原因】**

・道路上の危険に気づかず（気づくのが遅れて）

➡・その危険に対処できず

➡・衝突（接触）する

というメカニズム（仕組み）です。

ということは、

①　どうして危険に気づくことができなかったのか？
②　どうして衝突するまでに回避できなかったのか？

が、**自動車事故防止のヒント**になります。

つまり、①②それぞれが起こってしまうのは、

①' 危険に気づくことができない運転をしていた。
②' 危険に気づいても回避が間に合わないような運転をしていた。

という**運転の仕方、方法に問題があるのです。**

そこで、**「３つのすごい事故防止法」の登場です。**

効果があがる自動車事故防止のためには、

「正しく自動車事故の原因を知っていること」と、
「正しい自動車事故防止のための運転を実践すること」

がセットになっていなくてはなりません。

本書は、大きく３部構成になっており、**自動車事故防止の「基本の考え方」と「基本の型」についてご紹介し、効果的に自動車事故を減らす方法を明らかにしてみたいと思います。**

事故が多くて困っていて、即効性を期待する方は、とりあえず第３部から読んでさっそく試しながら、１部２部をお楽しみください。

第１部

まず自動車事故の原因を知ろう！…事故の原因ってなに？

第１章 どうして起こる？（事故の原因）

○　どうして風邪をひくのか知っていますか？

「風邪の予防」を例にとってみましょう。あなたは、風邪をひかないためにどのようなことに気を付けていますか？　えっ？何も考えていない？　「風邪の予防なんて考えてないよ。ここ数年風邪なんてひいてないし。」なんて言いませんよね。（笑）

風邪の予防で一番大切なのは**「どうして風邪をひくのか？」**という**原因観**を正しく知っておくことです。ちなみに、あなたは**風邪をひく根本原因**をご存知ですか？そもそも風邪とは何でしょうか？

ポイント　**「風邪の定義と原因」**

風邪の定義　風邪という病気はなく、正式には「風邪症候群」と呼ばれるもの（感染症の一種）で、鼻やのど（上気道）に起きる**急性の炎症**です。

風邪の原因　風邪を引く原因のほとんどは「**ウィルス・細菌**」です。

このウィルスが**鼻やのどの粘膜に付着（感染）、増殖すると、風邪**（発症）となります。　（エスエス製薬コーポレートページ／風邪について　より抜粋）

風邪の予防を考える時、このように原因がわかると、要するに、「【ウィルス・細菌】が、「のど・鼻の粘膜にくっつかない方法」を対策として実行できればよさそうだ。」と見当がつきますね。

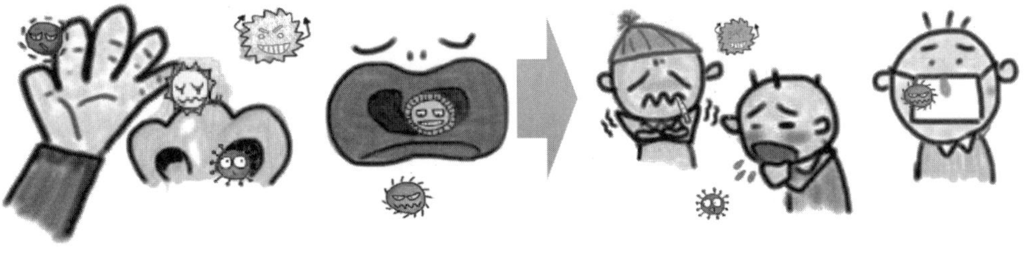

風邪をひかないように、いろんな人がいろんな工夫をしています。

冬場はのど風邪をひきやすいのでのど元を温める。/ 生姜湯や甘酒をよくとる。
体が冷えないように足湯を行う。/ ビタミンCを摂ってたくさん寝る。
風呂上がりに水をかぶって出る。/ ねぎを毎日食べる　等々

参考：@nifty 何でも調査団

もちろんこういった民間療法的な工夫も大切ですが、本当にこれで風邪をひかないと言えるでしょうか？体には良さそうですが、ウィルスや細菌が鼻やのどの粘膜にくっつくのを防げると思いますか？要するに**根本原因に対する対策になっていると言えるのでしょうか？**

トピック　寒いと風邪をひく？

「寒いと風邪をひく」とはよく言いますが、実際には
ウィルスなどの因子がなければ、「寒いだけ」で風邪をひくことはありません。

「南極では風邪をひかない」というのは有名な話です。南極の基地の外には基本的に人がいないので、人に感染するウィルスもいません。ですから、裸で走り回っても、ウィルスがいないので、風邪をひくことはありません。（もちろんウィルスを持ち込めば別ですよ。）

でも、そのかわり凍死してしまいますので、くれぐれも無茶はやめましょう。

トピック　新型コロナウイルスの猛威

２０２０年に入ると、**新型コロナウイルス（COVID-19）**が世界中で猛威をふるいました。犠牲になったたくさんの方々には心よりご冥福をお祈り申し上げます。

２０１９年１２月後半に中国で初めて報告されたこのウイルスは、瞬く間に全世界へ広がり、世界保健機構（WHO）がパンデミック宣言をするまでに、蔓延しました。国によっては、他国からの入国を拒否する「ロックダウン（都市封鎖）」が実施されました。日本でも政府から「緊急事態宣言」が発出され、感染者が多い県は「特別警戒地区」として指定され、県境・地域間の移動に制限（自粛ですが）が課せられました。不要不急の外出自粛が広く求められたことで、「ソーシャル・ディスタンス」、「フィジカルディスタンス」が叫ばれ、飲食店や商店は休業、学校は休校、会社も出勤停止、「オンライン学習」や「テレワーク」、「ステイホーム」など新しい生活・働き方が注目されました。

人々は外出自粛に苦しみながら、飛沫感染防止のためのマスクや、接触感染防止のため、自分の手指や、他人が触れたものすべてを消毒するためのアルコールなど、品不足で手に入らなくなるほどに買い求めました。

そして、結局のところ、この恐ろしいウイルスがもたらす病気の一番の感染予防対策として有効であると専門家が口をそろえたのは、「手指衛生の徹底」、「マスクの着用」の習慣化と、「他人との身体的距離の確保」すなわち、ウイルスに近づかないことなのでした。

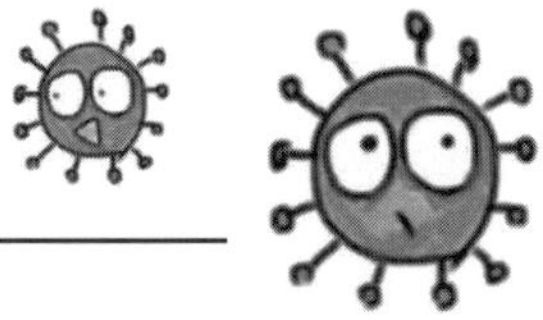

ポイント　「基本の考え方」と「基本の型」

あれれ、自動車事故防止の本を読んでいるはずなのに「風邪？ウイルス？」とお思いですか？実は、風邪予防の考え方と自動車事故防止の考え方には共通点があるのです。

風邪の予防にも自動車事故防止にも、

「基本の考え方」と「基本の型」があります。

みなさんは風邪の原因はわかりましたよね？風邪をひかないためには、どのようなことをすればいいのでしょう？

風邪予防の「基本の考え方」は、

「風邪は、ウィルス・細菌の粘膜感染によって発症する」です。

ですから、**「ウィルス・細菌」を「体に入れない、近づかせない」ことが、即効性があって、重要なのです。**

そして、これに**対処する為の方法である「基本の型」は、**

【 正しいやり方による「うがい」と「手洗い」 】なのです。

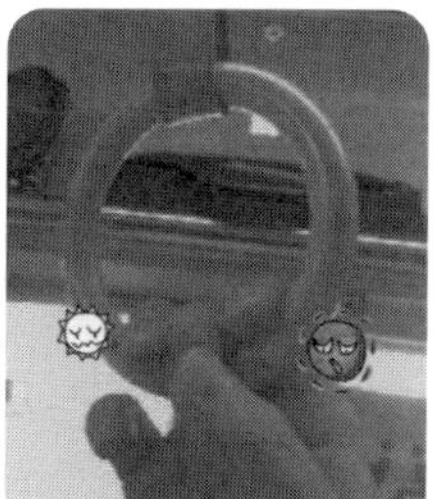

罹患率「うがい」６０％×「手洗い」６０％＝３６％

単純に計算しても、**「うがい」、「手洗い」を徹底するだけで風邪をひく可能性（罹患可能性）を３分の１まで減らすことができます。**

正しい「うがい」、正しい「手洗い」を徹底したうえで、**「ウィルス」が居そうな場所を警戒**して近づかない（触れない）ようにできればさらに効果があがります。

例えば元気のないマスクのおじさん、ドアノブ、通勤時の
電車の手すり・つり革、・・・
でも、転ぶと危ないからちゃんとつかまってね。

Q. 2

そもそも、自動車事故ってたくさん出てきますが、

なんのことをいっているのですか？

A.　この本では、自分が運転している自動車が障害物と衝突（接触）したもの全てを「自動車事故」と捉えてお話しします。

例えば人身事故や物損事故、追突や出合頭事故、右折事故、左折事故というのは、自分の車が何とぶつかったのか？どのような状況だったのか？結果的に被害はどのくらいだったのか？などの事故の形態や分類を指します。

何とも衝突（接触）しなければ、事故ではありませんよね。

※　ここで言う、「障害物」とは、自分の運転にとって障害となるものを指しており、自車の進行方向にあって通行を妨げる可能性があるもの（ハザード）全てのことです。詳しくは第２部をお楽しみに！

Q. 3

スピードを出さないようにすれば自動車事故は、防げますか？

A.　いいえ。ほとんどの自動車事故は、低速走行時に発生しています。

スピードを控えれば、死亡事故などの重大事故は減らせますが、事故全体の件数は減りません。

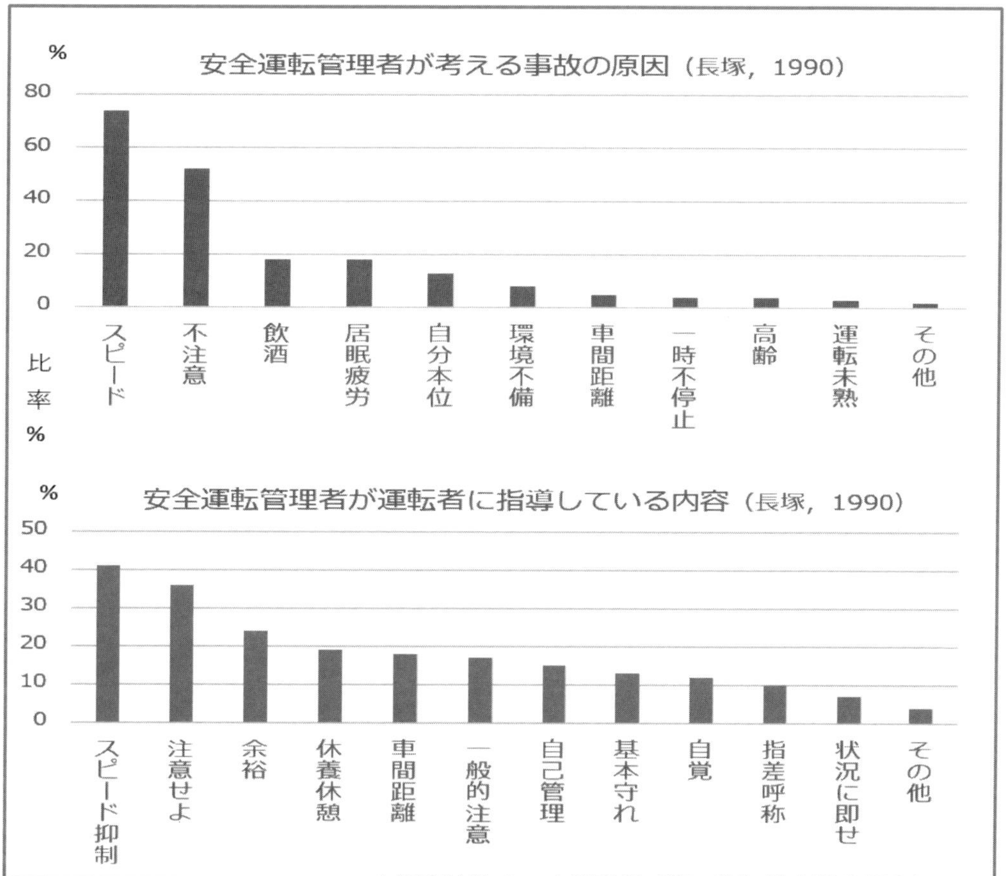

交通事故防止の人間科学【第２版】松永勝也編より

一定の規模以上の企業の安全運転管理者の大部分が事故の原因にあげたのが、グラフのように「スピードの出しすぎ」でした。そのため、自動車事故防止のための教育研修などでも、多くの場合、「スピードを出しすぎないように」という指導が行われてきました。

必要以上のスピードを出さないようにした運転は、事故が起こった際の被害軽減はもちろん、運転疲労も軽減します。速いより遅いほうが道路状況も見やすいので、もちろんお勧めです。

しかし、**実際の事故のほとんどは、30 ㎞/h よりも低い速度で、もっと言えば、**

【10 ㎞/h 以下のいわゆる「徐行」程度で多く発生している】

という事実 をご存知ですか？

トピック **「速度超過と交通事故」**

事故防止といえば、「スピードを落とせばよい」と即答する方はまだ多いようです。あなたも無頓着にそう思っていませんか？一般的に、テレビや新聞などでは**被害が大きい自動車事故が多く報道される**からかなと考えています。

被害が大きくなった原因は、「**速いスピード**で衝突したので衝突の際のエネルギーが大きかったから」と言えますが事故の発生の原因と一致するとは限りません。

トピック　「10 ㎞/h 以下の事故が一番多い」

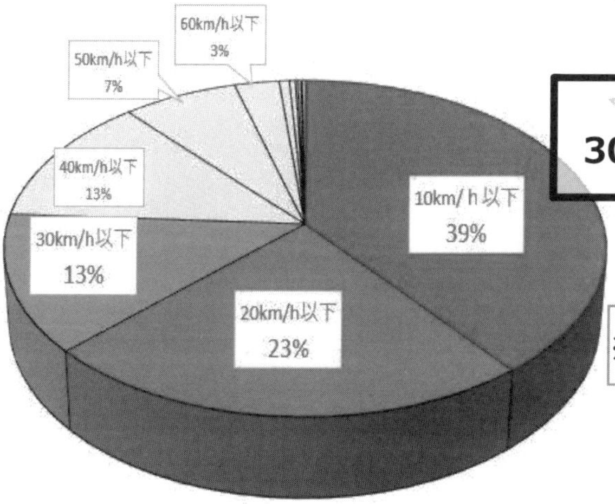

※事故全体の約 75%が
30km/h 以下の低速時に発生

※10km/h 以下が 約 40%

平成２９年中の交通事故の
発生状況　警察庁統計より作成

事故が発生したときの危険認知速度

自動車事故を防止するために事故が発生する根本原因を考えるとき、「スピードの出しすぎ」は、ちょっとピントがズレているようです。

要するに、

自動車事故防止の観点からは、「速度を落として運転します。」だけでは不十分

という結論です。

確かに、猛スピードで発生した事故の被害は大きいものです。しかし、円グラフのように、実は、自動車事故のほとんどが遅い速度で発生しています。

こういった**報道もされない「被害が比較的小さい事故」が交通事故のほとんどを占めているのです。**

危険な新幹線？

危険なくるま？

Q.４

「スピードの出しすぎ」が自動車事故の原因の第１位でないとすると、何が１番多いのですか？

A.　警察庁の統計ではたくさんの要因に分類してありますが、よく見て集約すると、１つしかありません。

○　自動車事故の主な原因は１つしかない？

１００件の事故があると、１００個の原因があるように感じますが、自動車事故発生の原因の大部分は、ほとんど１つの事柄に集約されます。**「衝突」が事故とすると**、その**「衝突した対象物の存在」を視なかった**、**見落とした**、**見誤った**、**発見が遅れた**、**動きを読み誤った**ことが自動車事故の主な原因です。

ここで、このような視覚的認知的原因を総称して、わかりやすく
「発見の失敗・遅れ」と呼ぶことにします。

事故防止の観点から言えば、**「発見の失敗・遅れ」は、それ自体がすでに事故と言ってもいいもの**です。

ポイント　**「発見の失敗・遅れ」の事故とは？**

事故件数が多い順に…

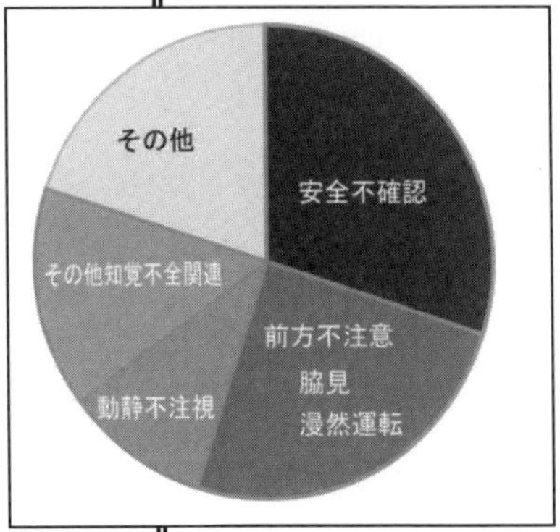

１位　安全不確認（３件に１件）

例：交差点で一時停止したが、自転車を見落とした。

２位　前方不注視（４件に１件）

例：**脇見運転**　他の方向などに注意が向いていて、進行方向を視ていなかった結果、見落とした。

漫然運転　ボンヤリ考え事をして、目に映っている道路状況を認識できなかった結果、見落とした。

３位　動静不注視（９件に１件）

例：自転車がいるのは知っていたが、まさか飛び出してくるとは思わず、自転車の動きを視ていなかった。　参考：法令違反別交通事故件数（警察庁交通局）

さて、自動車事故防止を考える時も、風邪の定義と同様に、

「自動車事故発生の根本原因はなにか？」という

「正しい事故原因観」を持っておくことが肝要です。

先ほど触れた風邪と同様に原因観があってはじめて、正しい事故防止対策が見えてくるのです。自動車事故を起こした後になって、原因をあれこれ考えて部分的に対処方法を考えるのではなく、

そもそも事故を起こさないために、「やっておくべきことを知っているのか？」、「知っている」だけでなく、「やっておくべきことができているのか？」が大切です。

まだ、自動車事故を起こしていないなら、事故を起こす前に**「未然防止」**、もし、起こしてしまったのなら**「再発防止」**を目標にして、その原因について考えていきましょう。どうして自動車事故は起きるのでしょうか？風邪のときと同じように、整理してみましょう。

ポイント　**「自動車事故の定義と原因」**

自動車事故の定義

自動車と「歩行者や自転車、バイクや他の車両」や「電柱やブロック塀などの固定物」など、何かしらの**障害物との衝突（接触）**を**自動車事故**といいます。

自動車事故の原因

これらの**障害物を見落として、気づくのが遅れて、或いは大丈夫だろうと思って接近**した結果、これらの**障害物に衝突すると事故**となります。

つまり、ほとんどの自動車事故は、**「発見の失敗・遅れ」**によって、

①　動かし始めた後、ぶつけてから気づいた。

②　障害物に気づいて、「あっ！」と思って回避しようとしたが、時間が足りず、回避が間に合わずに衝突した

という２パターンで発生します。

いずれも、衝突の可能性がある対象物の存在に対して、視なかった、見えなかった、見落とした、見誤った、発見が遅れた、対象物の動きを読み誤った、つまり、結果として、危険対象を知覚できなかったということがきっかけです。これを【発見の失敗・遅れ」といいます。

重　要：「発見の失敗・遅れ」が原因とされる自動車事故は全体の８割以上を占めています。

トピック　「パレートの法則」（定量分析法）

事故発生の原因の大部分は「安全不確認」「前方不注視」「動静不注視」といった、視覚的認知的原因である**「発見の失敗・遅れ」に集約される**ということがご理解いただけましたか？　このような傾向を、「パレートの法則」といいます。

「全体の大部分」は、「一部の構成要素」が生み出しているという法則です。別名「**８０：２０の法則**」ともいいます。下のグラフをみると自動車事故の原因にもあてはまることがわかります。手っ取り早く自動車事故を大きく減らす為には、とにかく、発生のきっかけの**大部分（80%以上）を占める原因への対策**が最優先です。

つまり、自動車事故は

○発見の失敗が起きる条件を作らない

○発見の遅れが起きても対処できる

運転　**の徹底で大幅に削減可能**

なのです。

法令違反別交通事故件数のパレート図

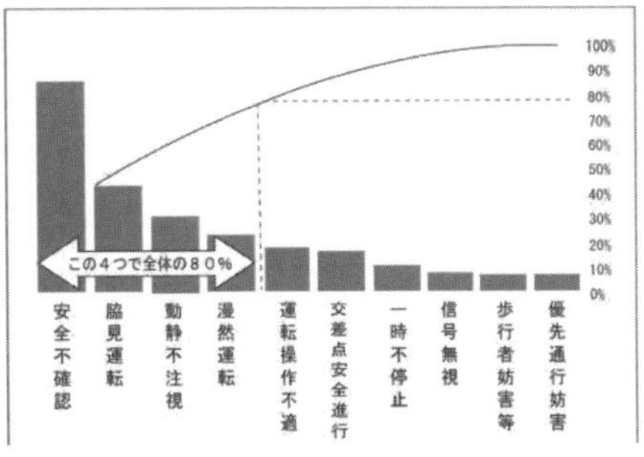

平成２９年中の交通事故の発生状況　警察庁統計より作成

Q.5

ちなみに、

人間はどうやって外界の情報を知覚するのですか？

A.　人間は、五感と呼ばれる感覚器官で外界の情報を取り込んでいます。

（第六感が強いという人もたまにいますけど…）

運転時は、五感のうち、視覚機能を使ってほとんどの情報を知覚しています。

運転中にクシャミをしてしまったとき、思わず目をつぶってしまい、ヒヤッとした体験はありませんか？運転中にわずか１、２秒目を覆われただけでも、身の危険を強く感じてしまいます。いかに「視覚に頼って運転しているか」の証明ですね。

○　どうすれば「発見の失敗・遅れ」は、防止できるのでしょうか？

事故やヒヤッとする場面の根本の原因は、**「発見の失敗・遅れ」に集約できました。**ということは、

「 これを無くせば、自動車事故は無くなるんだね。」となるのですが、**そう簡単にはいかない**のです。

ここで、確かめておきたいのは、

・なぜ、「発見の失敗・遅れ」が発生するのか？

・視《み》ているつもりなのに、なぜきちんと視《み》えていないのか？」

ということです。

※近いもので、「**危険なものが何か分からなくて見ていない**」ケースについては、第２部で詳しくお伝えします。

○　人間の「五感」全部言えますか？

普段の生活を送る中で、私たちは「外界の情報」をどのような手段で知覚するのか調べてみました。すると、「五感」と呼ばれる感覚のうち「視覚」に８３％も頼っているとされています。

特に、**運転中は「外界の情報」の９０％以上を「視覚」つまり「見る/視る」ことで取り入れているとも言われています。**

「産業教育機器システム便覧」による

Q.6

運転中の「発見の失敗・遅れ」は気を付けていれば防げますか？

A.　いいえ。人間の能力には限界があるので無理です。

①　発見の失敗をできるだけ起こさない方策を練る
②　発見が遅れても対処できるだけの時間を確保する

ことが必要です。

視力 2.0 の人が、１０m先の標示を見ているとしましょう。この時、視力 1.0 の人でも１０mから５mに近づいてみれば同じくらいに見えます。視力 1.0 の人に視力 2.0 になるように求めることは無駄です。このようにちょっと近づくといった具合に、対策、方策、方略をもって対応することが解決への近道なのです。

○　人間の視覚の特徴

個人差はありますが、人間の視覚は、脳の情報処理の力を加えて、非常に優れた性能を持っています。

最近はカメラやセンサーなどの機器が、非常に発達してきましたが、総合的な性能で人間の目に敵うようなものは、まだまだ手に入りません。

私たちは運転中、取り入れた視覚情報をかなり高度に脳で処理しながら運転しています。

最近は、自動運転が話題になることも多いですが、かなりの制約があり、まだまだ人間が優位です。とは言っても、やはり**人間にも弱点はある**のです。

それではここで、あなたの視覚がどれだけ優れているのか試してみましょう。

ここに　A・B　２つのテーブルがあります。

このテーブルクロスは、どちらのテーブルの天板にぴったり重なるでしょうか？

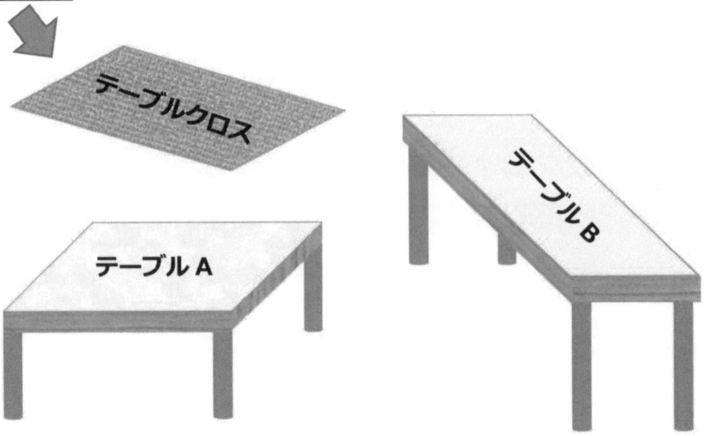

答え：両方とも

なんと、２つのテーブルともぴったり同じ形です。

信じられますか？

信じられないあなたは、テーブルクロスの形を写して、２つのテーブルに重ねて確かめてみてください。あなたは、自分で意識しないうちに、足の付き方や、影などの付加情報から奥行や幅などを感じながら視《み》ています。様々な情報が脳で処理されると、左のテーブルは正方形っぽく、右のテーブルはベンチのように奥に長い、長方形っぽく感じます。テーブルクロスも左のテーブルには幅が足りず、右のテーブルには長さが足りないように見えませんか。

○　なぜ、一生懸命に視《み》ていても、見落としや、見間違いが起こるの？

人間の視覚機能は非常に優れているがゆえに、かえって簡単にだまされてしまうことさえもあります。

運転中は、誰でもきちんと視《み》て、確認しているつもりでも、**気づかないうちに見落としや見間違いをしてしまっている場面は、自分で感じている以上に頻繁に発生していて、結果的に自動車事故の原因になっている**のが現状です。

ポイント　人間の見る力の限界　〜「安全確認」の落とし穴

　人間の**歩行速度**は時速３〜４キロ程度。現代人の身体能力は原始人のころから、さほど向上していません。１００メートルを１０秒で走っても、時速３６キロしかありません。つまり人間には、これに見合った視覚的能力・認知能力しかないということです。

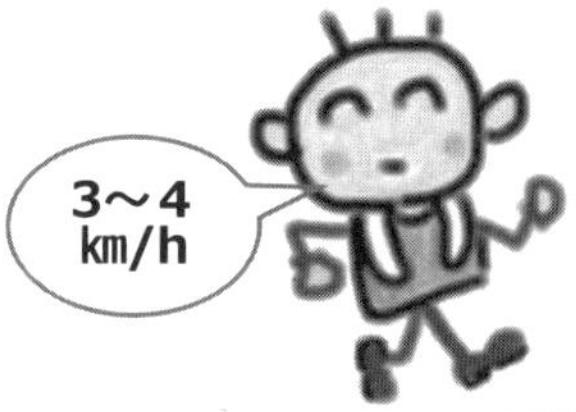

人間の視覚の特徴

- **運転するには認知力が不十分**
- **見える範囲が狭い（視角２°）**
- **認知・確認に時間がかかる（0.5 秒以上）**

➡錯覚・見落とし・見間違いが多い

さらにこんな要因でもっと見えない！

- **思い込みをしやすい**
- **自分の能力を過信しやすい**
- **緊張が持続しない**

➡ 予測・確認自体を省略する

　人間の、「視覚」「認知力」（見る/視《み》る力）は、元来、歩行や走る速さを基準に発達しているので、何㌧もの鉄の塊である「自動車」を、時速５０㌔や１００㌔という猛スピードで、確実にコントロールできるほどの能力をそもそも備えていないのです。

　基本的に、「**車の運転は人間の作業能力を超えた困難な作業である**」ということをまず自覚しておかないといけませんね。

トピック　「前方不注見」？「動静不注見」？

「見る」と「視る」

「前方不注**視**」とは言いますが、あまり「前方不注**見**」とは言いませんよね。

英語で、同じ「目を使ってみる」という単語に SEE と LOOK と WATCH がありますが、SEE「見る、目でとらえる」、LOOK「視線を向けて見る」、WATCH「じっと見る、一定期間（何か変化がないだろうかと）見守る」といったように意味の違いがあります。

本書では、SEE を「見る」・「見える」、LOOK と WATCH を「視る」「監視する」というイメージで区別してみたいと思います。

運転時は自分がどのように「見て/視て」いるのか？見え方がどのように変わるのか？ちょっと意識してみましょう。

○　「発見の失敗・遅れ」を防ぐ方法は？

「じゃあ、一生懸命に視ればいいじゃないか！」となるのですが、はじめから「人間の作業能力を超えた困難な作業である」運転をやろうというところに、情報取得の９０％を頼りにしている「視覚機能自体がそもそも不十分」なのですから、そう簡単に「発見の失敗・遅れ」を防ぐことはできないことは想像に難くありません。そこで、Q６のような、次の視点で対策を考えてみましょう。

①　発見の失敗をできるだけ起こさない方策を練る
②　発見が遅れても対処できるだけの時間を確保する

そのためには、
①きちんと確認ができる条件を身につけ、可能な限り「発見の失敗」を防ぐ。
②もし発見の遅れが発生しても、対処が間に合うような条件を身につける。

さて、それぞれ、どんな条件になるでしょうか？それでは、もう少し、「発見の失敗・遅れ」についてご紹介しますので考えながら進めましょう。

Q.7

一生懸命に視れば、情報を正しく確認できますか？

A.　いいえ。人間の視覚システムは、非常に優れている反面、限界（弱点）もあるので完全には無理です。

情報処理は、人の目と、脳の共同作業です。目に映った像を合成し、自分の意図する情報のみを抽出して、判断の材料にします。

○　目の錯覚（錯視）

ここでちょっと息抜きといいますか、錯視で遊んでみましょう！いくつかピックアップしてご紹介します。「人間が持つ視覚の不思議」を体感してみましょう。

幾何学的錯視・・・おもしろい錯覚がいっぱい！

ミュラーリヤー錯視　とても有名な錯覚です。

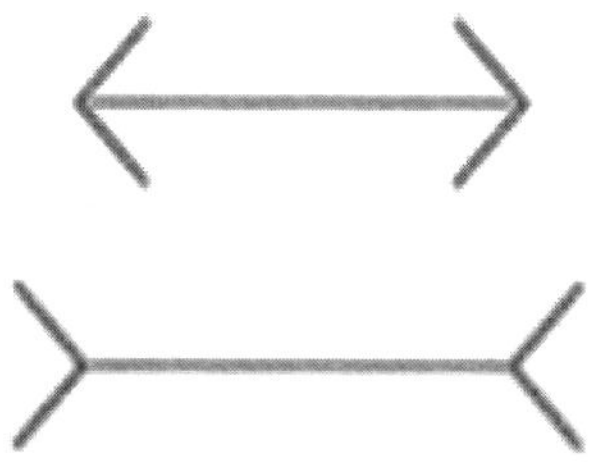

２本の赤い線は同じ長さですが、どう見ても下の線の方が長く見えてしまいます。

これには、脳が遠近感を把握するメカニズムが関係していると言われています。

このようにタテにしてみるとわかりやすいでしょうか？

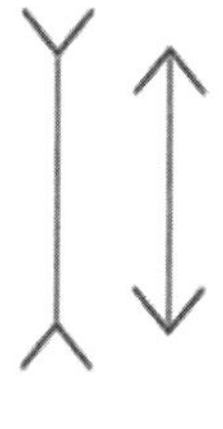

左：箱の内側から見た角、右：箱を外側から見た角、というように、立体として視てみましょう

・左のたて線は奥まっている→遠くにある→相対的に長い

・右のたて線は手前に飛び出して見える→近くにある→相対的に短い

となって、長短の感じ方の違いを脳が作っているという説があります。

水平垂直錯視

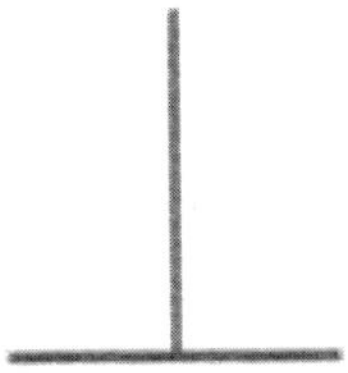

タテの赤の線と黒いヨコの線、どちらが長いでしょうか？

これも答えは「同じ長さ」なんですが、よ～く視てもタテが長く感じますね。

特にタテ方向の線（木や建物、自分から水平線に向かって伸びる道路など）は、実際よりもより短く網膜に投影されること、そして、そもそも横より縦に長いものの方がこの世界には多く存在することから、脳がタテの方が長いと判断しているという仮説があります。

ジャストロー錯視

こちらの２つの扇型、上と下どちらが大きく感じますか？

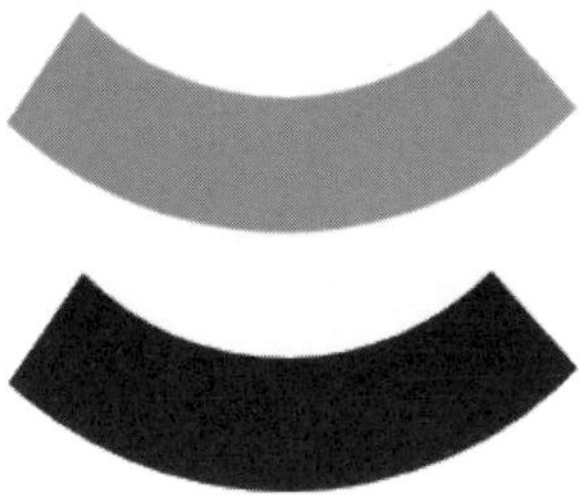

なんとなく上のほうが大きく見えませんか？

色のせいではなくて、上下を入れ替えてもやっぱり

上が大きく見えるのです。

理由は、比べる図形の場所が違うから。

上下に並べると、円弧部分を比べてしまうので、上に

ある円弧が長い方が、大きく見えるそうです。

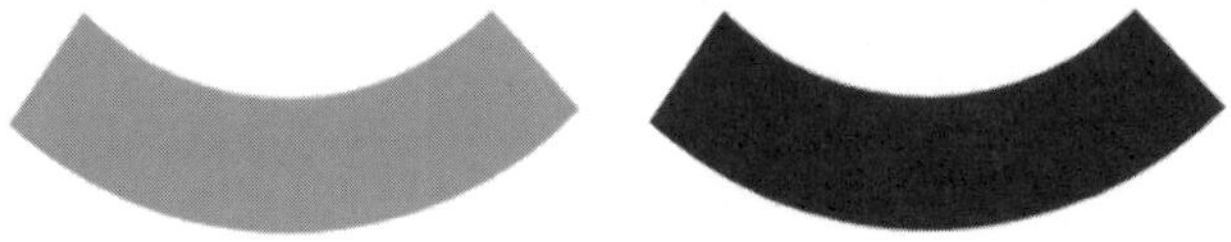

だから、横に並べれば、ほら、ちゃんと同じ大きさに見えますね。

エビングハウス錯視

左右の中心の円の大きさを比べてみましょう。
左側の円の方が大きく見えませんか？

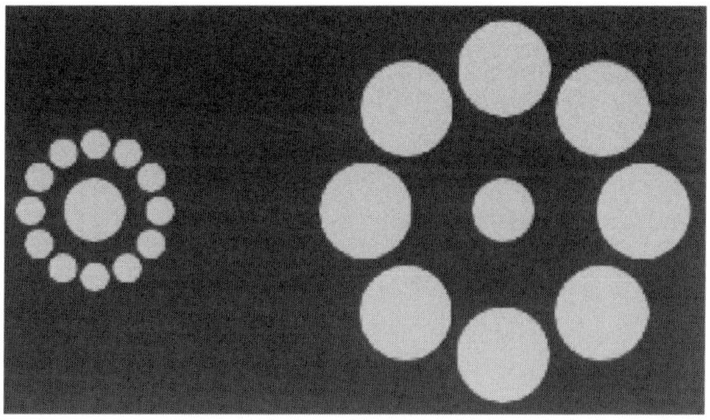

受験生ならみんなが知っている「忘却曲線」の研究で有名なドイツの心理学者エビングハウスの名前がついた錯視です。これも、周辺のものとの対比効果によって見え方が変わるパターンですね。

フレイザー錯視

1908 年にイギリスの心理学者ジェームス・フレイザーにより発表された図形です。白黒のねじれたヒモのようなパターンで構成されているのが特徴で、「フレイザーのねじれたヒモ」と呼ばれます。パターンが傾いている方に傾いて見えます。

↓傾いて見えませんか？すべて垂直ですよ。

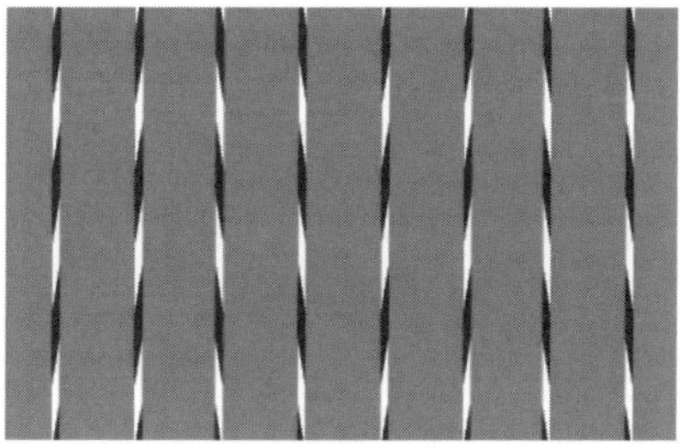

うずまきに見えますが同心円。→
指でなぞってみても奥にいきません。

First presented by Fraser (1908); Reproduced by Akiyoshi Kitaoka (May 19, 2015)

主観的輪郭

本当は存在しない輪郭が見える。というシリーズです。なにが見えますか？

カニッツァの三角形

正三角形

エーレンシュタイン錯視

格子の交点に白い丸

曲がった主観的輪郭

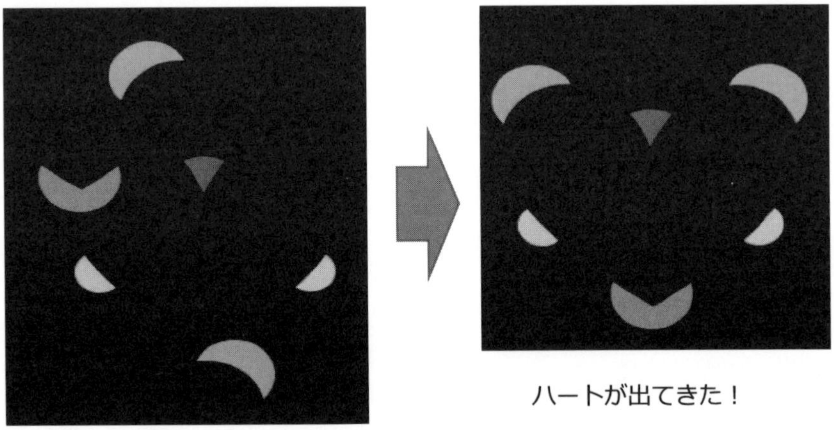

ハートが出てきた！

バラバラだと何もないのですが…

どうして主観的な輪郭が見えるかにはいろいろな仮説があり、実のところはまだよくわかっていないそうです。主観的輪郭は少し手前に浮いているような、周囲より少し明るいような立体感がありますね。脳が強調して見せているのでしょうか？

明暗の錯視　背景などの干渉で明るさも定かでない？

コフカのリング

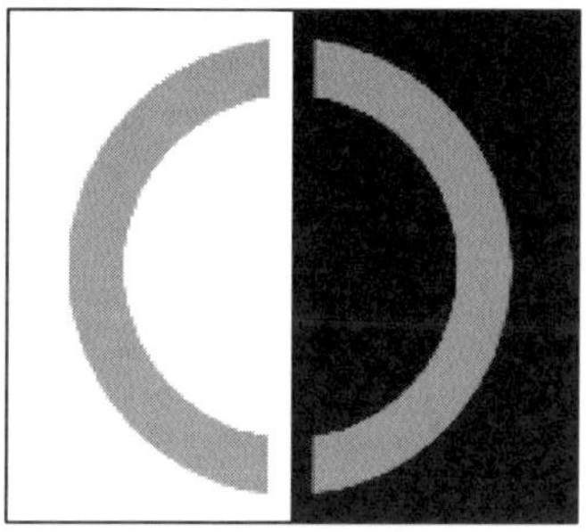

白背景の左の円弧と、黒背景の右の円弧。

白背景の円弧のほうが暗く見えませんか？

背景の干渉によって明るさの感じ方が変わる不思議な現象です。周りが明るければ中は暗く、周りが暗ければ明るく感じるというわけです。

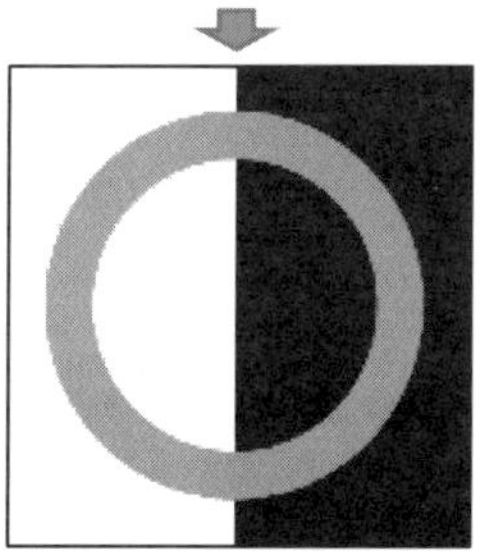

円弧が背景の変わり目で切れているのがミソで、２つの円弧をつなげてしまうと円弧の明るさの対比が薄れてしまいます。

チェッカーシャドウ錯視

有名な錯視の名作です。

Ａは黒タイル、Ｂは白タイルです。明らかに違う色のタイルのはずですが、実はまったく同じコントラストのグレーです。信じられませんがＡとＢのタイルをきれいに切り抜くとはっきりわかります。

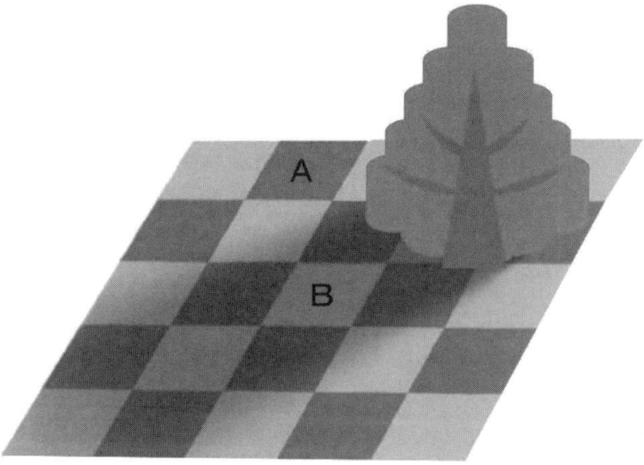

Ｂが他の白いタイルより色が濃く網膜上に投影されているのは、「汚れの濃淡ではなく、影の濃淡である」ということを私たちの目と脳が連携することで、自動的に判断し計算に入れて、明るさを差し引いて感じるという巧妙さを持っているからなのです。

形の錯視

大きさの恒常性　手前と奥のペンギン。どちらのペンギンが大きいでしょうか？

大型自動車免許の更新の時に、深視力という遠近感を調べる視力検査がありますよね。人は遠近感を感じるために正面に２つの目を持ち、その視差で三角測量を行い、奥行き、つまり遠近、立体を感じています。

この錯視は私たちが、ものの大きさを判断するとき、奥行感覚にかなり依存していることを示しています。通常、対象が遠ざかるにつれ、網膜上に映る像はどんどん小さくなります。ですから、網膜上の大きさが同じ時、「遠くにあるものの方が大きい」と脳が判断するのです。脳は奥行の情報がないと、対象が近くにあるのか、遠くにあるのかの判断がうまくできないのです。背景が見えにくい夜間の運転などに遠近感が取りづらいのはこの影響でしょうか。

消える染み

中心の点をしばらく、じ～っと見つめてみましょう。周辺のシミが消えませんか？

じ～っと見つめて上手に消してみましょう。できるだけ目を動かさないのがコツです。**視覚システムは、**とても合理的で、**まったく変化のないものには、感度がゼロになります**。変化しないものには、それ以上の情報処理がいらないのです。静止したモノを見ている目の動きが「完全に」止まると、網膜像は、全く変化しなくなります。その結果、**目の前の静止したモノは、目の前から消えてしまう**、ということがおこるのです。

だまし絵　　もはやアートの世界です。美術館もありますよ。

多義図形　　さて、この動物はなんでしょう？

２つの動物が見えますよね？

でも同時に見ることはできません。

1900 年にジャストローという心理学者が描いた図をもとにしています。

このように複数の意味が込められた絵などを「多義図形」といいます。一方だけと思い込むと思わぬ危険があるかもしれません。

他にも有名どころでは、

婦人と老婆

ルビンの壺

図と地の反転

さて、この図形は、いったいなにを表しているでしょうか？

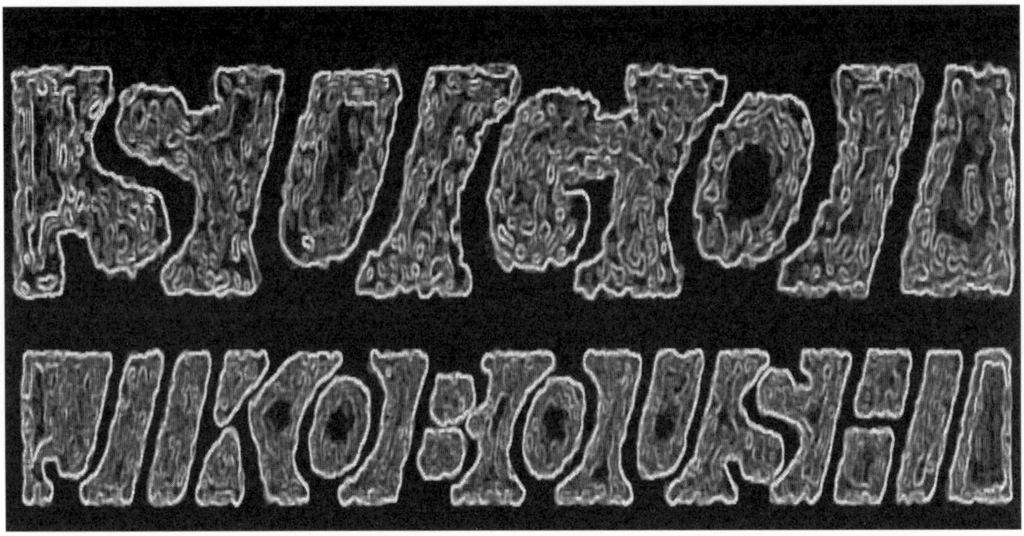

図形を、文字として読もうとするとさっぱりですが、図形のところを背景として見てみてください。みなさんが目指しているものが描いてありませんか？

閉じた領域や対称性をもつ領域は図として認識されやすいため、少し混乱しますね。

私たちの目と脳は常に協調して機能しています。外の世界を映しとる作業だけでなく、それは何なのか認識する作業を合わせて行うことで、困難で複雑な「見る/視る」という作業を正確に素早くこなしています。

しかし時折、この情報処理の過程において、目に映る事象をそのまま認識せず、映像を頭の中で加工・調整する事があり、この働きが、見間違いなど、危険に近づけてしまうような悪さをすることがあるのです。

一生懸命見ればいつも正確に見えるのか？といえば、これらの錯覚現象を人間の視覚の限界あるいは弱点と捉え、緊張や集中力が持続しないなどの視覚以外の要因や特徴も考慮してみると、

「人はいつでも見間違いをする可能性がある」のです。

錯視・錯聴など、錯覚には他にもたくさんありますので興味がある方は是非調べてみてくださいね。

主な出典・引用：イリュージョンフォーラム　http://www.kecl.ntt.co.jp/IllusionForum/

Q. 8

運転中に錯視による見間違いはありますか？

A.　あります。

様々な錯覚が、自動車事故の原因になっている反面、事故防止のために活用されている例もあります。（アナモルフォーズ）

○　道路環境で起こる錯覚

例えば、**水平垂直錯視**は、道路環境のこんな場面で見つけられます。

【ドライバー目線】

【歩行者目線】

水平垂直錯視は、たて（垂直）と、よこ（水平）の関係では、たて方向を長く感じるという錯視です。道路上では、**進行方向を長く、交差方向を短く感じる**ことが当てはまります。

運転中の車からは、横断歩道は短く感じますが、渡っている歩行者からは、逆に長い道のりと感じています。そのギャップから、車から見ると、渡り終えるまで余計に時間がかかっているように感じてしまいますが、「さっさと渡れ！」なんて言わずに、少し待ってあげましょう。

次は、事故が最も発生する**「交差点」での錯覚**です。同じ道幅の交差道路は、運転席から見ると自分が通る方が広い道路に見えるというものです。つい、優先意識が芽生えがちです。

また、**色の錯覚**としては、信号機の色の赤色は近く、はっきり見えるのに対して、青信号は遠くぼんやり見えます。遠くに見える青信号の交差点を早く通過しようとして、安全確認を省略したり無理にスピードを上げたりしないようにしましょうね。

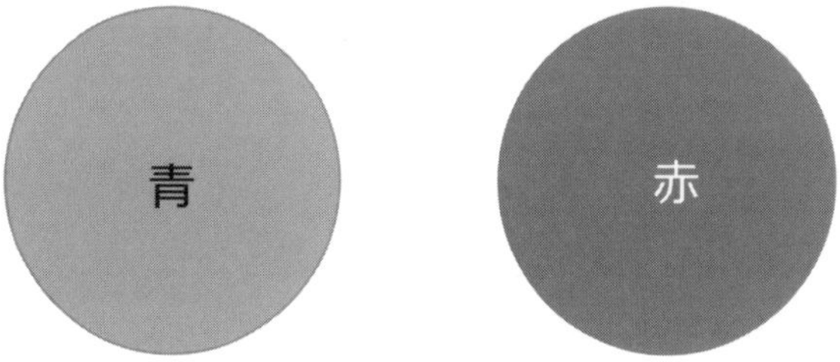

多義図形は、ある特定のものとして認識しているときは、他の見方で見ることができないという特徴を持っていて、見間違いの危険をはらんでいます。

真夜中に運転中、泥酔して道路上に寝ている人を、大きな黒いビニール袋と見間違えて轢いてしまったり、木立だと思い込んでいたものが実は横断待ちの歩行者で、いきなり道路上に飛び出してきたように見えて反応できなかったり、といった錯視（見間違い）は重大な自動車事故に直結しています。

また、人の見え方・感じ方は、**周辺の物理的環境**によっても変わります。

商店街と高速道路、それぞれを、例えば同じ時速６０㌔で走行することを想像してみましょう。

幅が広く、余計な情報を極力省いて設計されている高速道路より、幅が狭く、雑多な情報がごちゃごちゃと多い商店街の方が、速いスピードで走っているように感じてしまいます。

下図の高速道路の右側下り車線では、**スピード感の錯覚**を利用しています。

路側帯との境界の白線の内側に幅のある破線をひくことでアスファルトの部分を狭く感じさせ、スピードを控える行動を自然に誘発させるよう工夫されています。

トピック　「アナモルフォーズ」（歪像画）

錯覚や錯視の話になると、「人間の感覚は不確かなもの」ということばかりがクローズアップされがちですが、逆手をとって交通環境に有効に活用されているものがあります。

視認性を向上させる為、運転席から見てちょうど見えやすい細長い書体の道路標示や自転車置き場やスクールゾーンのフェンスのデザイン等にも応用されています。

このように交通環境の中には、錯視など人間の感覚の特徴をうまく利用している例がたくさんあります。よかったらみなさんも、近所で探してみてくださいね。地域独特なものなど、新しい発見があるかもしれませんね。

Q. 9

前をよく見て運転していれば事故を防ぐことができますか？

A.　いいえ。前だけ視るということは、両脇への注意を怠っていることになり、これもまた脇見の一つです。

　進行方向だけではなく、本当は常に自分の周囲３６０°へ注意を払う必要があります。しかし、人間の視覚能力には限界がありますので、次善の策を練る必要があります。

○　「注意しなさい！」ってどういう意味？（注意の一般特性）

「今後は【注意】して、事故を起こさないようにします。」とは、事故を起こした方の常套句ですが、【注意】とはいったい何でしょう？

　そもそも「注意」とは、

「一つの観念やものに意識を集めて、
他のものを抑制する**選択的集中の状態**

（三省堂大辞林 weblio）」とされています。

　単に「注意しなさい」とだけ言われても、**「何に」「どのように」**を言ってもらわないと具体的には実行できません。

　あなたは、運転中「何に」「どのように」注意を向けて「視て」いるのでしょう。
　交通心理学の観点から、【注意】には、次のような特性がありますのでご紹介していきましょう。

★注意できる範囲　こんなにせまいの？

「見る/視る」ために注意を向けるとき、**有効視野の範囲内**に対象が入っている必要があります。サーチライトみたいですね。目に映っているものすべてを把握しているわけではないのです。

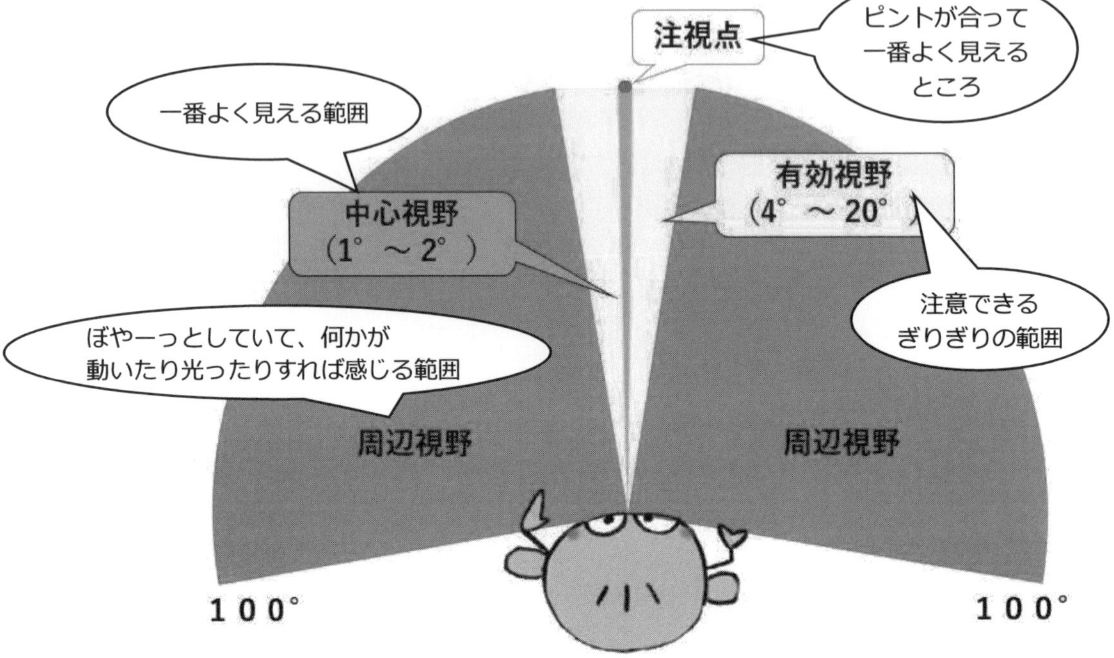

★焦点的注意（注意の深さ）　よ～くみるって？

「じ～と視《み》る」、「さっと視《み》る」などのように、
注意には深さがあり、注意の範囲とは反比例します。

「注意深く」見れば「注意の範囲」は、より狭くなります。

ちなみに、「さっと見回す感じの見方」を「瞬間視」といいます。

Q.１０

運転中に、注意し続けることはできますか？

A.　いいえ。無理です。注意には様々な特性があります。

注意の特性について理解を深めましょう。

注意の量と持続性　注意し続けることは不可能！

人の心的エネルギーの総量には個人差があり、その量は資源（リソース）と呼ばれます。資源なので限りがあります。

注意を向ける対象が多い、注意深く見るような状況が続く、といった場面では、３０分程度で枯渇し（疲れて）、回復には時間を要します。

限られた資源を配分して複数の行動を同時に実行しようとしますが、配分の量を間違えたり、片寄ったりすると、脇見運転や漫然運転の要因になります。

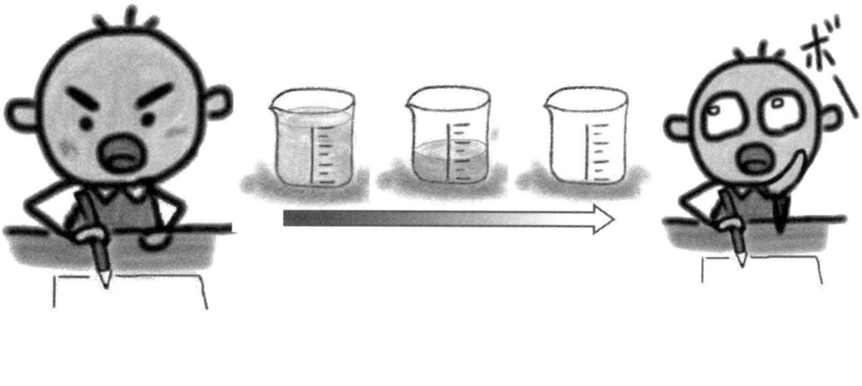

Q.１１

前方の車両や信号機、左右の歩行者、自転車などに同時に注意を向けることはできますか？

A.　いいえ。できません。複数の対象物に注意を払うには、一つ一つを順に、時間をかけて確認するしかありません。

　走りながら時間をかけて視ることはできませんから、確認するべきものがたくさんある時は、どうしても「止まって視る」しかいい方法がありません。

単一チャンネル性

　２つ以上のものに同時に注意を向けるのは絶対無理！！

　十分な注意は一つのことにしか向けられません。多重の情報を一度に処理しているように見えても、実は 0.4 秒ごとに頭のチャンネルを切り替え、大脳で１つにまとめています。

★　**ここで質問！**　あなたは、右手に鉛筆を持ち、「あいうえお」と書くのと同時に、左手で電卓に「１２３４５」と素早く入力できますか？

　う～ん・・・できませんよね・・・修行でもすればできるようになるでしょうか？

　聖徳太子の逸話に「１０人の話を一度に聴いて、答えた」というのがありますが、満遍なく人々の話に耳を傾けた優れた人物という比喩ですから、聖徳太子だって、やっぱり同時にはできないでしょう。例え、同時にできているように見えても、すごい速さでワンチャンネルを切り替えているだけなのです。

Q.１２

歩行者や自転車などに早く気づく方法はありますか？

A.　あります。

① 歩行者や自転車が**隠れていそうな死角を意識**し、**注意を向ける**こと。

② 何かあるだろうという、**心構え**を常にしておくこと。

選択的注意　気にしたものにだけ注意を向ける！

騒がしい雑踏の中、例えばパーティ会場でも、特定の人と会話ができますよね。これを心理学では「**カクテルパーティ効果**」といいます。選択的注意の代表例です。

注意を向けた刺激（この場合は相手との会話）は認知されますが、向けられなかった刺激は、ぼんやりか、または、まったく認知されません。

トピック　**「ローパーとハワードの曲線」**

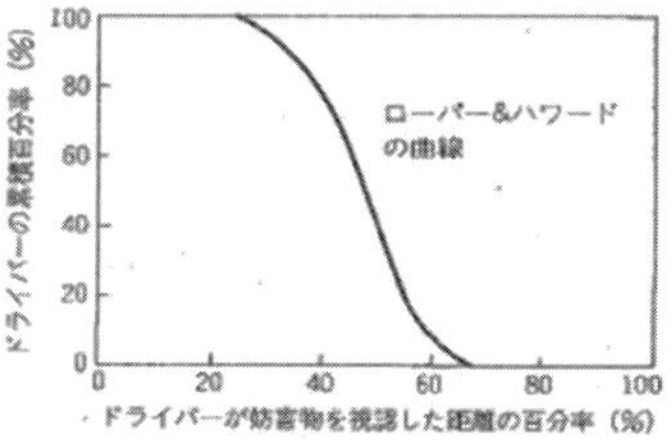

予知せぬドライバーは、予知しているドライバーには見える視認距離の７０％の距離に近づくまでは、歩行者ダミーに気がつかなかった。

２５％の距離まで近づくと、さすがに全員気がついたが、半数の人間は、５０％の距離に近づくまで、歩行者ダミーに気がつかなかった。この実験から、「予知しない者が妨害物を発見する確率が５０％になる視認距離は、予知している者の視認距離の１／２である」ということが言える。

「自動車事故の科学」（著：林 洋）（大河出版）より引用

つまり、何かあるだろうという心構えがあるドライバーは、構えがないドライバーより、２倍離れたところで危険を発見できるという実験です。

「運転操作に習熟すること」は、ある程度運転操作に必要な**手続きが自動化されること**で、一般的にプラスですが、「慣れ」という形で予想外の事態には気づかないというマイナスもあります。

私たちは、なんでもかんでもよく考えながら行動しているわけではありません。例えば、いつもやっている習慣的行為は、開始のきっかけがあれば、後はほとんど何も考えずに実行できます。

運転中は、アクセルやブレーキ、ハンドルの操作などは、必ず実行しないと運転が成立しないことから、省略されにくいのですが、時間がなくて焦っていたりすると、自動化された部分から、特に**安全確認の行程が省略されがち**になってしまいます。**確認行動自体は意識的に行う習慣を養う必要がある**のです。

ポイント　**「注意の一般特性」**

携帯電話、悩みごと等々、**運転以外の行動を運転と同時にやろうとすると、「発見の失敗・遅れ」が増えやすくなり危険**です。視線と一緒に意識・意欲も向けないと視ているようで見えていないといった状態になるという、これらの特性があるからなのですね。

しかし、「考え事や、悩み事をするな」といってもそれは無理でしょう。座禅でやっても難しいですよね。

完全に運転に集中するためには、とても高度なセルフコントロール（自己統制）が必要です。

せめて、カーナビやオーディオ、携帯電話には運転中は触らない、タバコは休憩時に、行程はあらかじめ頭に入れる等、**運転中に危険の探索・確認行動から注意が逸れない**条件づくりを工夫してみましょう。

トピック　ほんとにこわい「携帯電話」

運転中の携帯電話の通話は危険度が４倍！

携帯電話といえば、最近では「スマートフォン」が普及してたいへん便利になってきましたが、運転中も気になってしまうのは否めませんね。

携帯電話の知覚や反応時間、意思決定力低下など、運転への影響は携帯電話の開発当初から、研究対象とされてきました。携帯電話を目視することで認知・反応時間が延長することや、実験被験者ごとに反応時間のばらつきが大きいことを証明した実験（布施、志堂寺、松木、野瀬、早見、松永：携帯電話使用時の認知反応時間及び自動車の停止距離）や、周囲への注意の配分、目配りが悪くなり、結果として、ブレーキ反応が遅れたり、ハンドルがふらついたりしたといった実験結果（Ishida,T.and Matsuura,T:2001）などで危険性が指摘されています。

携帯電話の運転への影響は、
①発信・受信によるもの　②通話によるもの　③運転者の属性（習熟度など）の違い　の３つに大別されます。

①　注意の方向が電話機に向いて約２秒間の**脇見運転**。

②　注意の配分が会話にとられて**漫然運転**。

③　運転不慣れなどから特に初心者は、注意の配分や選択がまだ上手でないので経験者に比べて**「発見の失敗・遅れ」を起こす危険度が極端に高まるおそれがある。**　といった具合で、運転中の携帯電話は**事故への近道**ですね。

携帯電話起因の事故の７割は、着電および架電時に発生しています。

事故を起こした人の携帯電話使用記録を確認し、**使用中の事故は使用していない場合の４倍の危険性**があるという調査報告もあり、これは、**ビール大瓶１本半の飲酒運転の事故遭遇率とほぼ同じ**です。携帯電話を運転中に手に持つと道路交通法違反になるので、ハンズフリーの機器や機能も登場してきました。視線を携帯電話に向けなければ、「発見の失敗・遅れ」の可能性は低下しますが、会話に夢中にならないこと、進行方向空間を適正に確保することが事故防止には必須です。

第２章　どんな結果になる？（事故の形態）

○　風邪はどんな症状で現れるのでしょうか？（風邪症状の形態）

風邪をひいたなぁ・・・と思う時、どんな症状になっていますか？

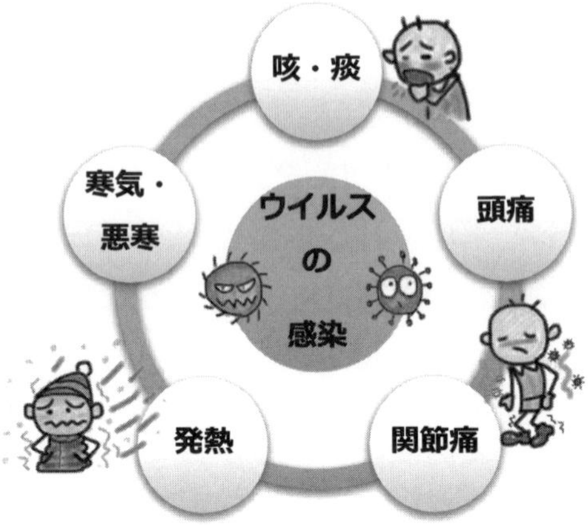

「ウィルス」が鼻やのどの粘膜に付着（感染）、増殖してしまったとき、左図のような症状等に悩まされます。

症状は、鼻やのどに発症する**呼吸器症状**と、発熱、関節痛などの**全身症状**に大別され、個人の体力や体調によって症状が重かったり、軽かったりします。

「ウィルス」と各「症状」は「因果関係」にあります。

Q.１３

事故を繰り返す人がいますが、いつも同じ事故を起こしていますか？

A.　そうとも言えません。

のどが弱い人は、のど風邪を引き易いとは言えます。運転も「左側方への注意が弱い人」は、左側方の見落としが多いので、特に改善の意識がなければ、巻き込みや車両左側の接触など同じような事故を何度も起こしがちかもしれません。「自分は左側方が弱点なんだな。」と気づくことが大切です。

しかし、「**先急ぎの気持ち**」、「**動作の不安定さ**」、「**確認の省略（瞬間視のくせ、一点集中のくせ**）」がある人は、**いろいろなパターンの事故を次々と発生させる傾向**がありますので要注意です。

○　自動車事故はどんな形態で現れるでしょうか？（自動車事故の形態）

見落とし、見誤りといった**「発見の失敗・遅れ」が起こり、自動車と何かが衝突（接触）した結果**として、下図のような様々な**事故形態（事故分類）が発生します。**

人対車の**人身事故**、車対車の**車両事故**、車対固定物の**物損事故**に大別され、**事故の形態としては、「追突」と「出合頭」が圧倒的に多い**ことが統計からわかります。

衝突時の速度や発生時の状況・条件等により被害は大きくなったり、小さくなったりします。

「発見の失敗・遅れ」と「事故形態」は「因果関係（原因と結果）」にあります。

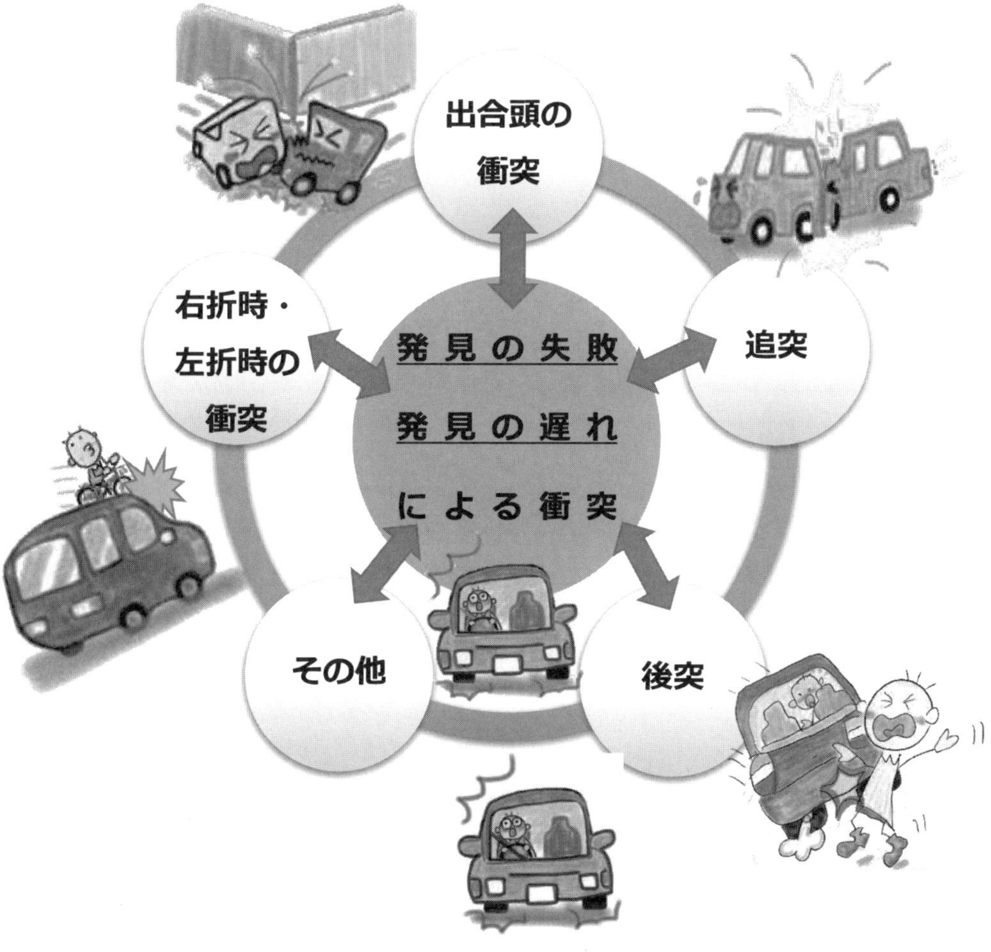

「追突事故」と「出合頭事故」が、圧倒的に多い

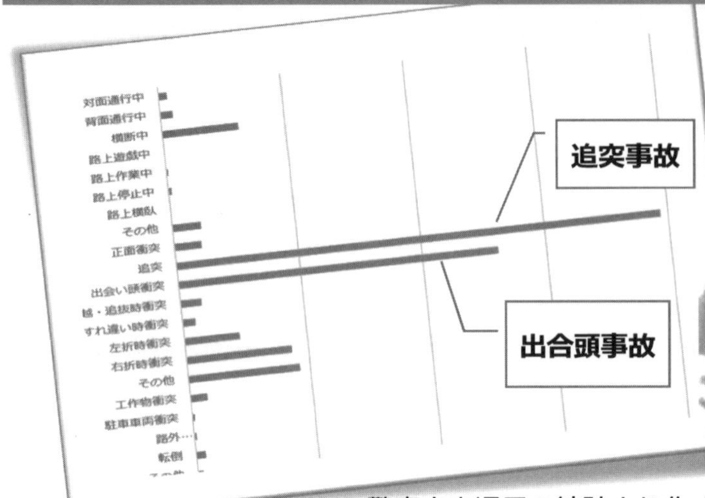

警察庁交通局の統計より作成

ポイント　結果に惑わされず、「因果関係」に注目！

風邪にかかってしまえば、頭痛薬だけを飲んでも、なかなか熱が下がらなかったり、吐き気がしたり、他の症状が出るので、根本的にはウィルスを退治しなければ治りません。

同じく、何度も「追突」事故を起こしたドライバーが、追突だけを防止しようと思っても、それ以外の形態の事故（例えば、右折事故の次は左折事故、その次は出合頭事故、追突というように）を起こす可能性があるので、根本原因である「発見の失敗・遅れ」になりやすい日頃の運転行動傾向を改善し、突発的に発見が遅れたり反応時間が遅れたりした時でも余裕をもって対応できる時間を確保して運転しなければ、**事故の発生可能性はいつまでも残ったまま**になってしまいます。言い換えると、「動かし始めてから確認する」、「確認しながらハンドルを切る」、「一時停止せずに、徐行程度で交差点を通過する」といったような**「発見の失敗・遅れ」になりやすい運転行動傾向のドライバーは、たとえ現在、たまたま無事故であったとしても、将来、事故を起こす可能性が高いのです。**

Q.１４

自動車事故が起きやすい条件や、状況はありますか？

A.　もちろんあります。

運転中は、様々な事故を呼ぶ要因が、次から次へと近づいては遠ざかっていきます。しかし、運転している際、自分以外の環境や他者の要因は制御することができません。例えば、昼夜明暗や天候などの自然現象、道路形状や交通量、歩行者、他の車などの**交通他者**のことです。どんな状況においても、自分自身の「発見の失敗・遅れ」を防ぐ手立てを知り、構えておくことが得策です。

第３章　どんな条件で？（事故原因の要因）

○　風邪をひきやすいのは？

「風邪をひきやすい条件」といえば、どんなものを思い出しますか？

・**空気が乾燥しやすい冬**は、ウィルスなどが付着したホコリなどが舞い上がりやすく、また、鼻やのどの粘膜が乾燥しやすいので、ウィルスが付着、増殖しやすい。

・**体を冷やす**と、血液の循環が悪くなり、体の免疫活動が低下しやすく、ウィルスが活動・増殖しやすくなる。

・**疲れ**や、**ストレス**、**栄養不足**なども、体の防御機能が落ちやすく、ウィルスが付着、増殖しやすい。

などなどですが、**こんな悪条件でも根本原因のウィルスがいなければ、風邪をひくことはありません。**

○ 自動車事故が起こりやすいのは？

自動車事故にも**「起こりやすい条件」**があるのですが、みなさんはどんなものを想像しますか？ちょっと整理してみましょう。

①　「個人の要因」に関するもの

「疾病」、**「疲労」**などの**「身体的要因」**、普段の運転ができない状態にしてしまうもの、**「急ぎの気持ち」**や、借金や身内の介護などの、**「悩み」**、**「心配事」**といった**「心理的要因」**も運転中の考え事や行動の省略を増やすため、漫然運転などの要因になります。

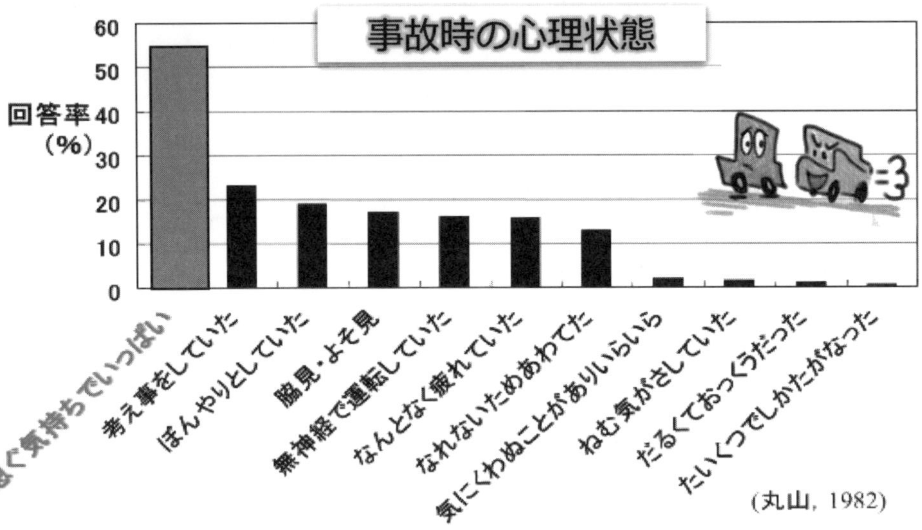

(丸山, 1982)

②　「環境の要因」によるもの

・ 高速道路や駐車場、見通しの悪い道路などの**「道路環境」**、

特に**歩行者や車両が交差し、情報量が非常に多い環境である「交差点とその周辺」では、事故の７０％以上が発生している**ことが統計で明らかです。

・ 急な豪雨や日没などによる視界不良などの**「気象環境」**、
・ 所属する職場等の使命、ルールや雰囲気などの**「労働環境」**があります。

③　その他の要因に関するもの

例えば、

異常気象対策の指示・命令が不十分等

といった**「運行管理の要因」、**

急な飛び出しなどの**「他者の要因」**　などです。

このように、①個人要因、②環境要因、③その他要因、と様々な現象が事故を誘う要因として知られています。しかし、それぞれの要因の一つだけで事故になることは珍しいのです。様々な要因を引き起こす事象がつながることで自動車事故が発生することを**「事象のチェーン」**と呼びます。

時間経過とともにいくつかの要因が連鎖し、最終的に「発見の失敗・遅れ」が発生したときに、回避・克服行動が上手くいかないと、衝突（接触）、つまり、自動車事故に至ってしまうのです。

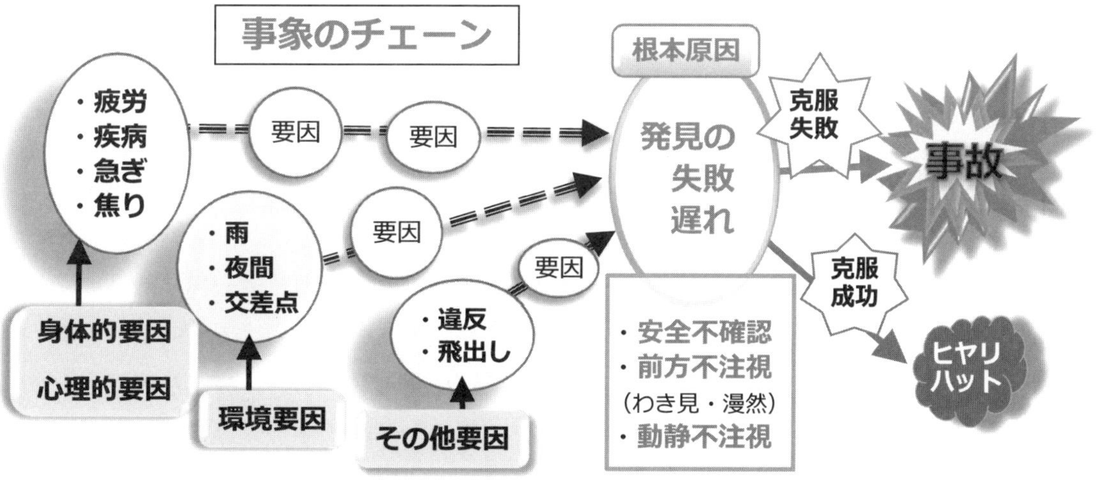

参考：事象のチェーン…ICAO 事故防止マニュアル

結果的には、事故の８割以上が、

「各種要因」➡「発見の失敗・遅れ」➡「克服失敗」➡「事故」

の流れで発生しています。どんなに運転技術を磨いても、安全性能がいい車に乗っても、安全に配慮したルールを作っても、「発見の失敗・遅れ」が起こる限りは、事故の可能性を排除することはできません。

トピック　「事象のチェーン」

一般的にひとつの要因だけで事故が発生することは少ないといわれています。いくつもの背後要因が鎖のようにつながっていて断ち切ることができなかったとき、事故に至ると考えられています。（ICAO 事故防止マニュアル）

「スイスチーズ・モデル」

「事故の真の姿をとらえるには、組織やシステムのさまざまな局面において存在していた、リスク要因や防護壁の有無を洗い出し、構造的に分析する必要があり、そういうとらえ方をしてこそ安全性を向上させることができる」という１９９０年代、イギリスのジェームズ・リーズンの理論があります。

「チーズに見立てた複数の**防護壁**（安全装置）に、潜在的な**穴**（リスク要因）があって、各防護壁の穴をエラーが貫通してしまうと、事故が発現する。」という概念を図式化したものです。

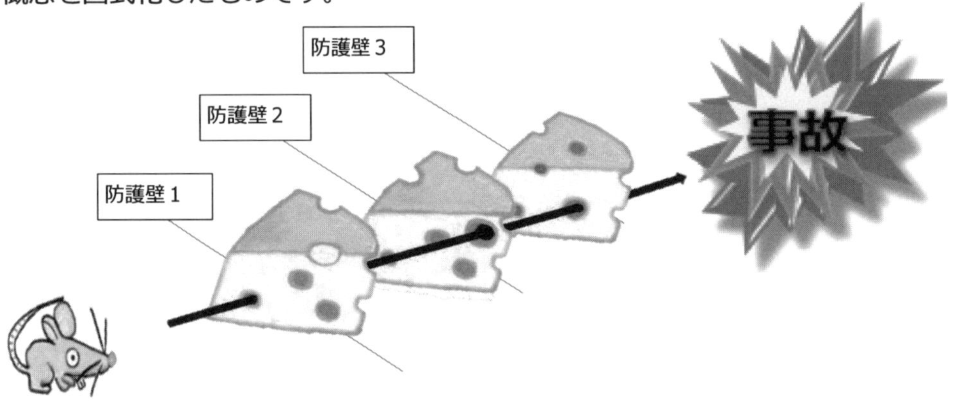

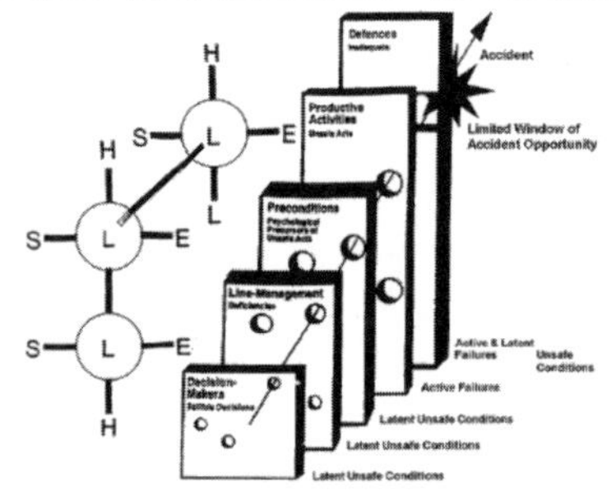

図Ⅱ－４　SHEL 及びリーズン・ハイブリッドモデル

（出所）ICAO, *Manual of Aircraft and Incident Investigation, Advance Edition,* p.Ⅲ-16-16.

一つ一つの穴（リスク要因）は一見、取るに足らないものに見えますが、連鎖（チェーン）を構成する前に検証し、排除する必要があります。

航空業界では、SHELL 分析法と組み合わせた「SHELL 及びリーズン・ハイブリッドモデル」という方法で事故やインシデント発生の際の分析を行っているそうです。

参考：ICAO「事故防止マニュアル」1984　運輸安全委員会「事故の再発防止に資する事故調査のあり方」

ポイント　ドライバーだけの責任じゃない？

事故を起こすと、ドライバーは**行政・民事・社会的な３つの責任**を追及されます。要するに、こっぴどく怒られたり、改善を要求されたり、弁償させられたり、場合によっては運転免許を取り上げられたりするわけですが、事故防止に関する全ての責任をドライバーの要因だけで説明することには無理があります。幅広い視点で要因を探ることで事故防止対策を網羅的に試みようとする考え方が主流です。要因の頭文字をとって、４M、５Eなどと通称されています。

Man（人の要因）

身体的状況、心理的精神的状況、知識、技量、能力、うっかりミス、ルール違反、他人の行動など

Machine（ものの要因）

車の構造、車の機能、故障、配置、品質など

Media（環境の要因）

自然環境（気象、地形）、人口設備（道路、施設）、マニュアル、時間など

Management（管理の要因）

組織、規則、指示、取り締まりなど

Education（人の要因への対策）

知識、実技、意識、管理などの教育、訓練

Engineering（ものの要因への対策）

強度、機能、配置、品質などの技術的、工学的改善・改良

Enforcement（強化・徹底）

規格化、罰則化、効果的な指示、取締り強化

Example（模範・事例）

模範を示す、事例紹介、理想的な状態の提示

Environment（環境の要因への対策）

道路の改修、信号機、照明の増設、規則の改正

○　**事故分析の手法**としては、これらのものが知られています。

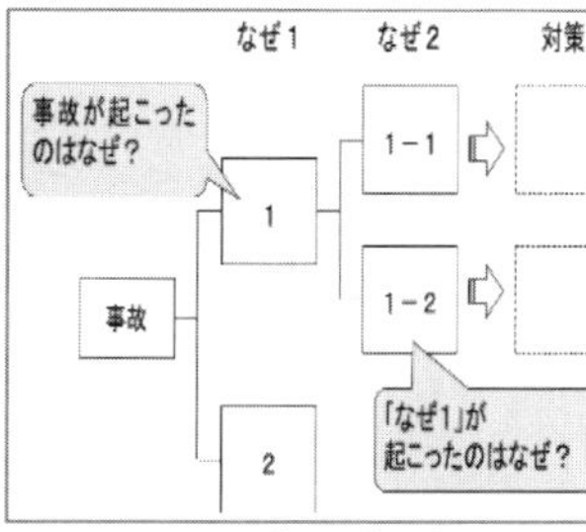

なぜなぜ分析

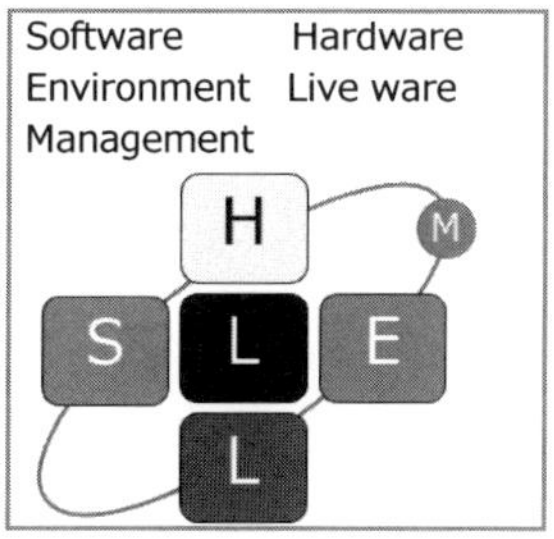

M-SHEL（L）

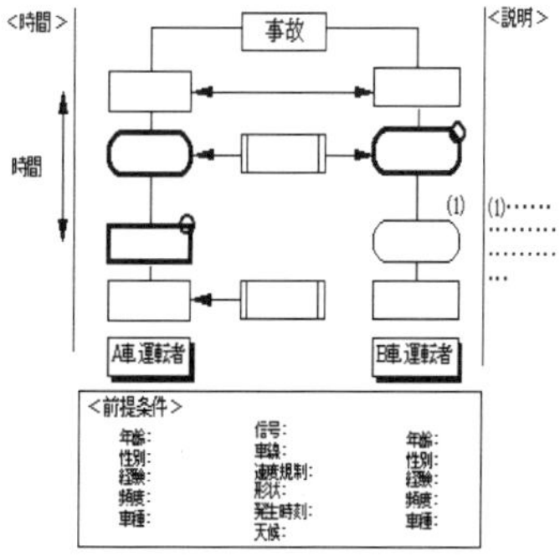

バリエーションツリー

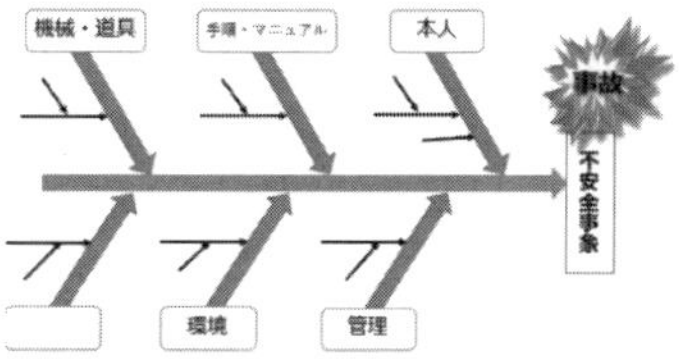

特性要因図（fishbone diagram）

参考：
ヒューマンエラーの基礎知識（立教大学教授 芳賀繁）
交通事故学（早稲田大学教授 石田敏郎）

Q.１５

先急ぎの気持ちを抑えることはできますか？

A.　気持ちを抑えること自体は、不可能です。

気持ちが急いでいるときの先急ぎ行動は自分でも気づきやすいのですが、それとは別に、気持ちが急いだ状態でないときでも、急いでいる時にするような行動を無意識にとっていることがあります。「せっかちな人」などと、いう表現がありますが、身に染み付いた行動としてつい出てしまうことがあるのです。

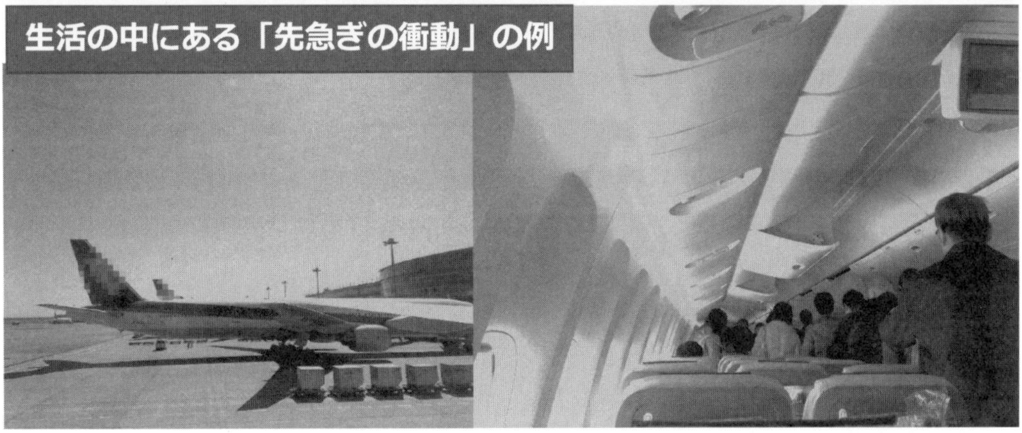

【到着してすぐドアもまだ空いていないのに一斉に立ち上がり１０分待ちぼうけ】

これは、**急いでいるつもりはない**けれど、**急いでいるときと同じ行動**になっている場面です。あなたは思い当たりませんか？

同じ立ち上がった人の中でも、「本当に**せっかちで自分から立つ人**」と、「**周りにつられて立ってしまう人**」がいます。松永先生によると、太古より生存競争を勝ち抜き、子孫を残してきた人間の生存本能の中には「**本能的先急ぎの衝動**」がしっかりとインプットされているそうです。そして、これまで私たちの命を守ってきた、**本能的先急ぎの衝動は、現代の「車社会」においては、逆に命を脅かすものとなる可能性がある**のです。

○　先急ぎで失敗しないポイントとは？

先急ぎの気持ち自体は抑えることはできませんが、その気落ちが表に出ないように、**自分の行動をコントロールする**ことはできます。

すごく焦った時でも、ポーカーフェイスでやり過ごすことってありますよね。

①　気持ちが本当に焦ったり、急いだりしている時。

運転中はどんなに気持ちが急いでいたとしても、**焦りを行動に出さないこと**。つまり、急いでいる時に陥りがちな**「必要なものを省略する」を防ぐ**ことが重要です。これには、**普段からの正しい運転方法の訓練と習慣化が必要**です。

つまり、急いでいても、

「いつもの安全確認を省略しないこと」

「安全確認ができる運転方法を省略しないこと」です。

②　普段どおりの落ち着いた気持ちの時。

運転行動のなかで、**急いでいなくてもやってしまっている、先急ぎと同じ行動が、間違って習慣化して（くせになって）いないか点検して修正**することです。

【　うまくいくコツ　】

1.　意識的に正しい運転方法を習慣化すること。

2.　急いでみても、ほとんど早く到着しないことを学び納得すること。

本能のまま運転していれば、いずれ自動車事故になる可能性が高いのです。

第１部のまとめ

○ 風邪予防の「基本の考え方」

風邪をひく根本原因は、

☆ **「風邪は、ウィルス・細菌の粘膜感染によって発症する」**ので、

「ウィルス」をいかに近づけないようにするか（近づかないいか）が大前提！

○ 効果的な風邪予防の方法の「基本の型」

☆ **正しい方法による「うがい」と「手洗い」の徹底**

➡「基本の型」を繰り返し取組み、「習慣化する」まで続ける

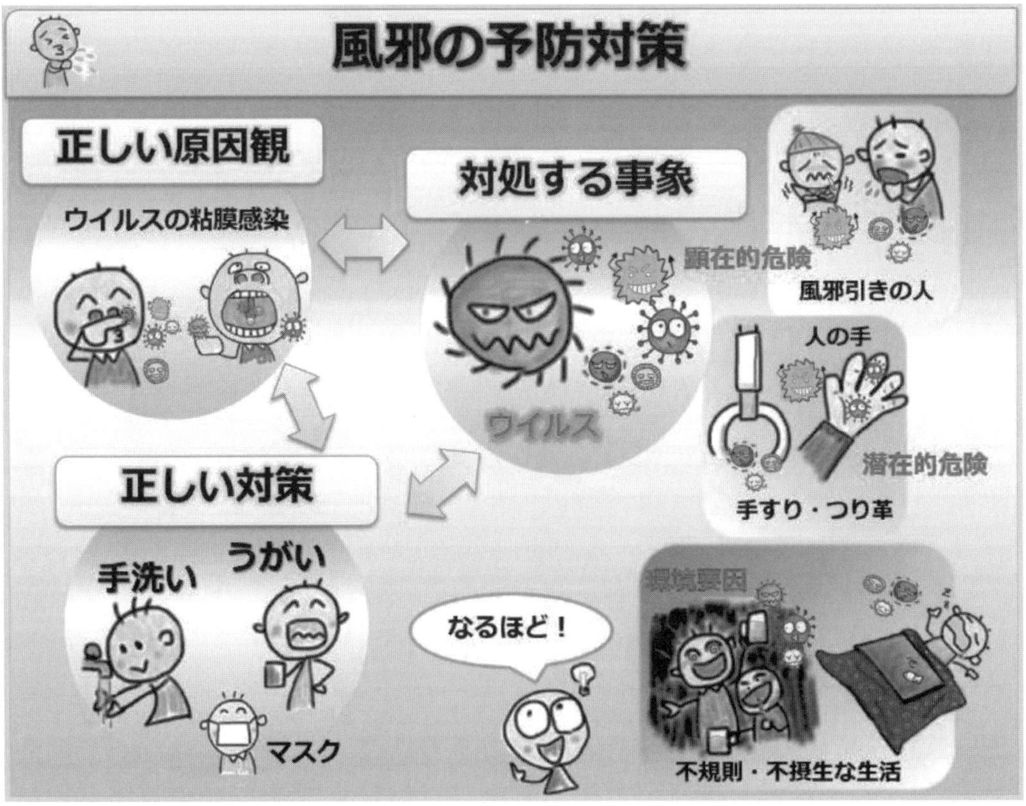

正しい原因観と、対処する対象についての知識を持つことで、正しい対策を選択することができます。民間療法も含めて有効と言われる対策は多数ありますが、

風邪予防に必須の **基本の型**は、なにはともあれ

i ）**うがい**　　ii ）**手洗い**

という、原因（ウィルス）に対する対策を**正しく実行する**ことです。

基本の型を実行した上で、現状を確認するための健康診断を受診したり、基本の型を継続しやすい環境を整えたりといった取組みをプラスするという手順が有効です。

トピック　「うがい」の効果

「水うがいで風邪発症が４割減少」

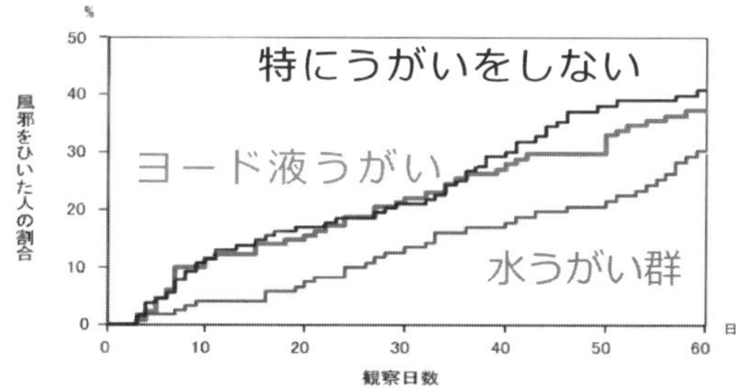

ボランティア 387 名を募り、くじ引きで「水うがい群」、「ヨード液うがい群」、「特にうがいをしない群」の３群に割り付け、２ヶ月間にわたって割り付けられたうがい行動をとってもらって風邪の発症を追跡した。

その結果、発症率はうがいをしない群の１ヶ月あたり 100 人中 26.4 人に対して水うがい群は 17.0 人、ヨード液うがい群は 23.6 人であった。多変量解析で群間のばらつきをそろえると、**水うがいをした場合の発症確率はうがいをしない場合に比べて 40%低下することになる**。一方、ヨード液うがいでは 12%の低下にとどまり、統計学的にも意味のある抑制効果は認められなかった。

引用：京都大学保健管理センター予防医療学：川村孝教授
http://www.hoken.kyoto-u.ac.jp/wp-ontent/uploads/2015/03/gargle2007.pdf

つまり、水うがいで構いませんので、頻繁にうがいすることを心掛けると良いでしょう。

それでは風邪予防の「基本の型」の正しい方法をご紹介します。

ポイント　正しい「うがい」

☆ 正しい「うがい」のやり方

①　コップに水もしくはぬるま湯を用意する

②　口に半分くらいの水を含んで、上を向かずに正面を向いたまま、口の中の食べかすなどを流すために１～２回ゆすぐ
（グチュグチュうがい）

③　口に半分くらいの水を含んで、今度は顔を上に向けて、口を開けながらのどの奥までゆすぐ**（ガラガラうがい）**

※この時**「オ～～」と発声**します。

③を概ね１５秒×２回行えばうがいは完了です。

引用：家庭の感染予防アイテム http://kansenyobou.net/

ポイント　「継続しないと意味がない」

さて、風邪の予防には「うがい」・「手洗い」が基本の型。ということで風邪の予防は簡単だなぁと思ったあなた。いえいえ、とんでもない。

最初は「やるべきこと」と「正しいやり方」を理解しているかが大切です。

次の段階では、きちんと継続してできるかどうかというのがポイントになります。実は何をやるかよりも**「どのようにやるか。」**と**「どうやってやるか（続けるか）」が大切**だったりするのです。**正しいやり方を知っていたとしても、継続的にやり続けないと、結局その効果は見込めない**でしょう。まずは、皆さんの普段の「うがい」・「手洗い」のやり方を思い出してください。そして、ご紹介した方法と比較し、ギャップを埋めましょう。

「正しいやり方で、継続しないと意味がない」のです。

ポイント　正しい「手洗い」

☆　正しい「手洗い」のやり方

1　時計や指輪ははずす

2　手を濡らして石鹸をよく泡立てる

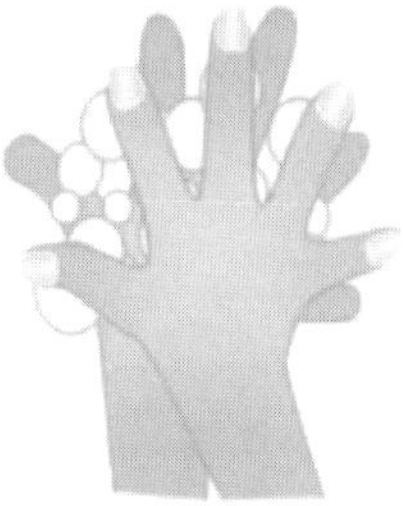

3　手の甲をこする

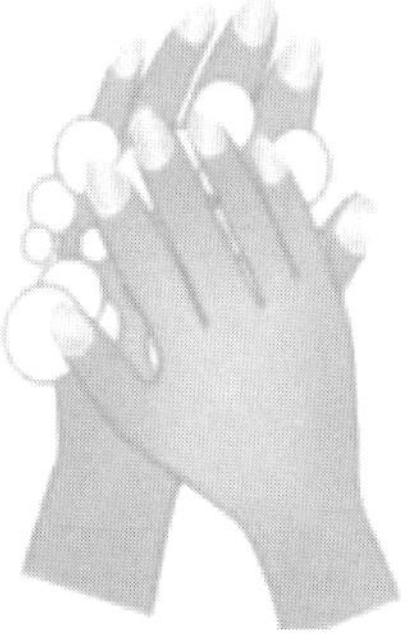

4　指の間をにぎる
ようにして洗う

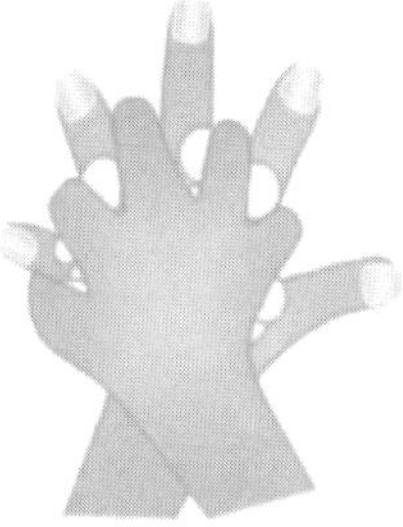

5　親指をねじる
ようにして洗う

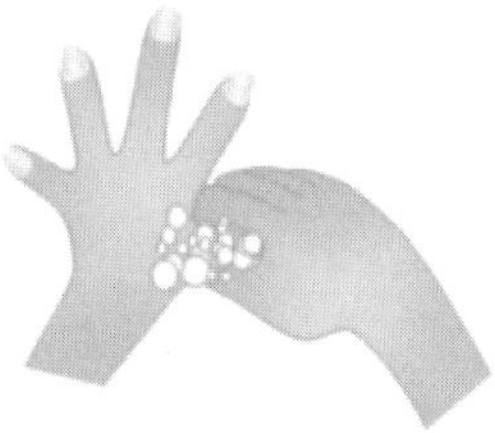

6　爪と指先を洗う

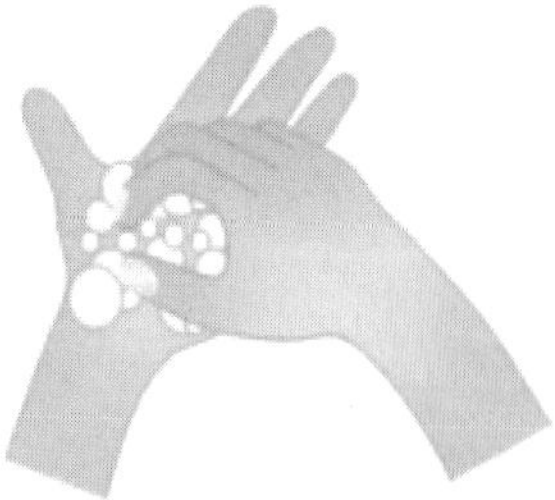

7　手首も忘れずに

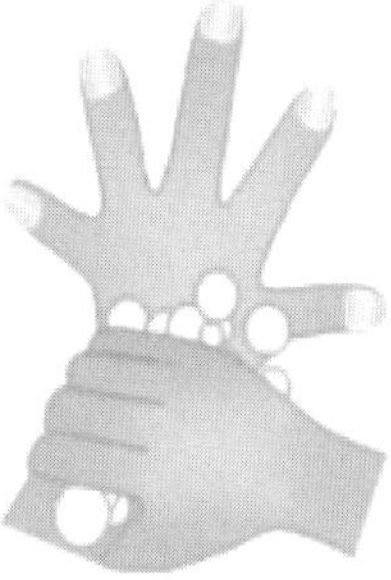

8　丁寧に石鹸を流す

9　ペーパータオルで拭く
（または自分専用のタオルを使う）

※石鹸は固形よりポンプ式。詰め替えの継ぎ足しはNG。

※ペーパータオルは濡れないように取り出し口を下か横向きに！

イラスト：神奈川県厚木保健福祉事務所ホームページ「手洗いの方法」より引用

http://www.pref.kanagawa.jp/cnt/f70259/p507472.html

Q.１６

「運転操作前の確認」・「停止状態での確認」・「車間距離の確保」をしていれば自動車事故は防げますか？

A.　防げます！ただし、次の２つのポイントが大切です。

ｉ）正しいやり方をすること。（我流や思い込みでやらないこと）

ii）いつでも、どこでも、やれるように練習をして、習慣化すること。

自動車事故防止においては、事故原因の８割以上が「危険」に対する「発見の失敗・遅れ」で発生していることを**「基本の考え方」**とした上で、これに有効な**「基本の型」**を継続的に実行することが重要です。

習慣化を念頭に、実行しながら、「型崩れしていないか？」をいつも気にかけておくことも重要です。（正しい方法で身につけること）

自動車事故防止の「基本の型」【３つのすごい事故防止法】

❶　全ての運転操作の前の確認行動
❷　完全に停止した状態での、時間をかけた確認行動
❸　進行方向への４秒間以上の無障害の空間の確保

基本の型を実行した上で、同乗者に評価をしてもらったり、運転適性診断を受診したりして、「基本の型通りにできているかを客観的に確認する（メタ認知）」機会を作りましょう。自分ではできていると思っていても、客観的に見るとイメージが違う（できていない）ことが多いからです。

第１部では、風邪の予防と比較しながら、自動車事故防止のために必要な考え方の基本をご紹介してきました。

最初に「自動車事故がどうして起こるのか」という**「正しい原因観」を知ることで、「正しい対策」へとつながる**というのがうまく伝わったでしょうか？

第２部は、「対処する対象」についてのお話です。
「発見の失敗・遅れ」とは、一体何を見落としたり、何の発見が遅れたりすることを言っているのでしょうか？

自動車事故防止の「基本の型」【３つのすごい事故防止法】の**具体的なやり方**は、その次の第３部でご紹介しますね。

第２部

そもそも何が危険なの？…交通環境における危険とは？

第４章　顕在する明らかな危険（デンジャー）

Q.１７

「安全不確認」や「脇見」などの「発見の失敗・遅れ」が事故の原因だといいますが、そもそも何を発見できなかったのですか？

A.　交通環境における「危険」（危険対象物）です。

○　危険の定義

唐突ですが、「危険」の前に、**「事故の定義」**をしておくと・・・

①　**意外性**：意外で不本意な結果を生む。結果の予想や計画を誰もしていない。
②　**有害性**：その結果は誰かにとって不都合である。
③　**不可逆性**：その結果から現状への回復を許容できる範囲内の費用で行えない。
の３つの特徴を備えた現象です。

引用：中田亨：ヒューマンエラーを防ぐ知恵

次に、交通事故といえば、広義には陸海空すべての交通に伴う**人的・物的損害または、往来の危険の発生**のことを指します。参考：コトバンク：世界大百科事典

本書は自動車事故防止のお話しですので**、道路交通事故（自動車事故）**を調べてみると、「自動車、原動機付自転車、軽車両もしくはトロリーバスまたは路面電車の**交通による人の死傷または物の損壊をさす**」道路交通法第 72 条とあります。

第１部では、自動車事故は**「障害物との衝突（接触）」**としてご紹介しました。
第２部では、基本的なところは変わりませんが、

ポイント　「事故の定義」

自動車事故とは、

「交通環境に存在する　危険　によってもたらされた

意外で、有害で、取り返しのつかない結果（人的・物的損害）」

としての**「障害物との衝突（接触）」**である。

と新たに定義してお話を進めていきたいと思います。

それでは、

交通環境に存在する「危険」とは、いったい何のことでしょうか？

松永勝也先生から一言

ちなみに、自動車運転における危険な状況とは、

「危険」に対して停止距離よりも短い進行方向空間距離での走行と言えます。

○　「危険」ってなぁに？（「リスク」と「ハザード」）

交通環境に存在する様々な**危険«損害のタネ»のことを「ハザード」**といいます。交通環境の中で、**自分と衝突する可能性があるものはすべて「ハザード」**です。

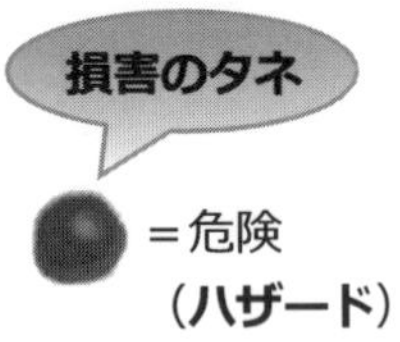

そして、その損害のタネが、**«発芽する可能性»が「リスク」（危険性）**と考えるとわかりやすいでしょうか？

どのくらい衝突する可能性があって、被害がどのくらいあるのか、つまり「**どのくらい危ないのか　の量」がリスク**です。

「ハザード」にはパッと見ただけでも気づくことができる「**見える危険**」と、土に埋まって隠れていたり、突然はじけたりなどの「**見えない危険**」があります。

ここから、「ハザード」（危険）と「リスク」（危険性）に注目していきます！

ポイント　「顕在的ハザード」

「見える危険」のことを**「顕在的ハザード」**といいます。

運転中にパっと見て、目に入ってくる歩行者や自転車、バイクや他の車両、壁や電柱などのことを指します。うっかり接近すれば危険ですが、離れていれば、特に危険ではありません。

顕在的ハザードのうち、「道路を横断していてそのまま進行すると確実に衝突する状態の歩行者や自転車」などの進行方向に存在する「明らかな危険」のことは、**「直接的ハザード＝デンジャー【danger】」**として、分けて考えます。このように、すでに発芽している事故の種には事故の実が成る前に、すみやかに芽を摘むための何らかの対処をしないと確実に事故発生となります。運転操作で言えば、離れる、止まるという危険克服行動をすぐに実行しないと即、衝突、事故発生です。

トピック　「危険」の分類

日本語では「危険」という、ひとくくりの言葉ですが、英語やドイツ語では、いくつかの用語にわかれています。

「危険」という言葉は少なくとも３つに分ける必要がある
（亀井 1995）ということで、

【リスク risk】：損害発生の可能性または不確実性、「危険性」ともいう

【デンジャーdanger】または**【ペリル peril】**
：損害を生じさせる作用それ自体

【ハザード hazard】：損害発生の条件、事情、状況、要因、環境

参考：中田亨：ヒューマンエラーを防ぐ知恵

に分けます。

例えばここにトラがいると仮定すると、
リスク：トラに襲われる確率、可能性、不確実性

デンジャー：牙をむいて向かってくるトラ
ペリル：トラに襲われるという現象そのもの

※ **デンジャー・ペリルを避ける行為を、「危険克服行動」といいます。**
急ブレーキや急ハンドルなどのことを指します。事故直前や事故に遭ってしまってからの対応を指します。

ハザード：「トラそのもの」、「隠れているトラ」、「近くにいるトラ」、「トラに気づいていない状況」、「トラが生息している地域」、「トラの空腹度合」、「トラの生息数・密集率」など

※　**ハザードを避ける行為を、「危険回避行動」といいます。**

Q.１８

「自転車」や「横断中の歩行者」などのいわゆる直接的ハザードであるデンジャー（危険な対象物）に気をつけていれば事故は防げるのですね？

A.　いいえ！そうはいきません。
交通環境における本当の「危険」は隠れているのです。
この隠れた危険を探すことが重要なのです。

壁や電柱の陰に隠れて見えない自転車や歩行者に気が付かないことが、一番危ないのです。見えない場所に潜んでいる危険対象物をハザードといいます。

○　ハザード知覚

森の中を探検中に見つけてしまった「トラ」は何かしらの危険を発生させかねない**「ハザード」**です。

外界の危険対象を探索し、危険性の存在を把握または予期する作業を「ハザード知覚」といいます。（小川 1993）

「ハザード知覚」は、自動車事故防止のために最も重要な能力の一つです。

教育や、経験を積むことで、**「何が危ないのか？」**の理解が進み、成績が向上する「技能（スキル）的」側面があります。

ジャングルはハザードだらけ

また、運転者訓練のための運転評価である同乗観察法（Klebelsberg、1982）などでは、

①　危険認知　②　危険回避　③　危険克服

の三段階が提唱され、特に**①危険認知の段階に重点を置くべきと**提唱し、

「危険を発見することがいかに重要なのか」を**強調**しています。

○　リスク知覚

同じ森の中の【ハザード「トラ」】を見つけたとしても、その「トラ」が、こっちに向かってきている、すぐそこにいる、池の向こう側にいる、そっぽを向いている、まだ子供、など、その「トラ」の状態で、**「損害を受ける可能性」**は大きく異なりますよね。これを**「リスク（危険性）」**といいます。

リスクは、「損害が発生する**可能性の高さ**」と、「損害が発生したときの**損害の大きさ**」を掛け算して算出する量的な概念です。

「リスクの大きさがどのくらいなのか？」を判断することを

「リスク知覚」といいます。

例えば、

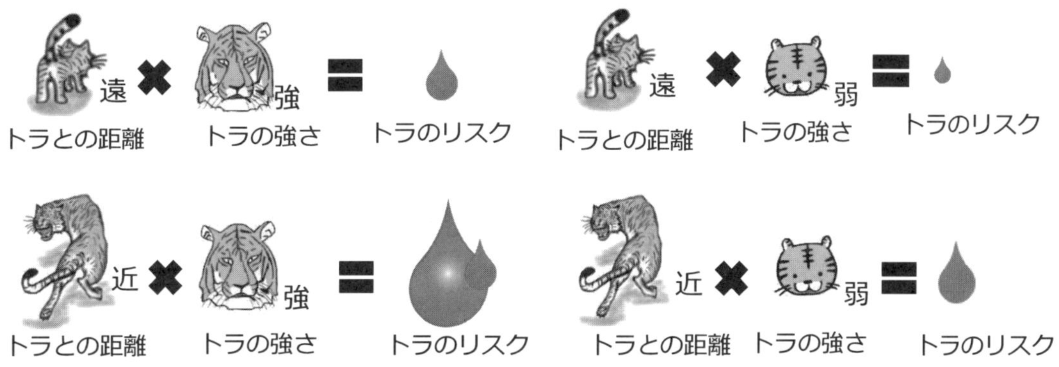

このように、同じ「トラ」というハザードでも、リスクの大きさは条件によって異なるのです。

【ハザードの分類】

私たちにとって、「トラ」は、襲われる可能性がある「ハザード」です。

しかし、近づかなければ何の危険もありません。

さて、どんな条件で襲われる「リスク（危険性）」は高くなるのでしょうか？

まず「ハザード」を以下のように分類して順に見ていきましょう。

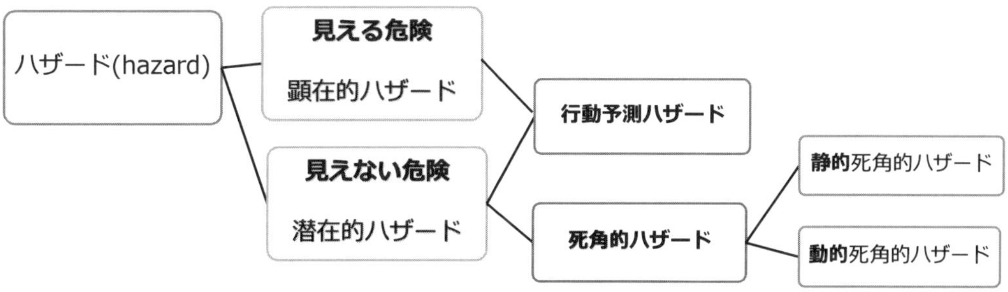

トピック　「リスクの評価」と「リスクテイキング」

リスクは本来、前述のような掛け算で、条件によってある一定の大きさになると決まっています。

同じ条件なら同じ損害になるはずなのですが、**自分の知識や、技能、経験から抱いている、そのリスクへの対処能力の「自己評価」の影響を強く受けて、本来の大きさに見えない、感じないことの方が多いようです**。だからこそ、不用意に近づいてしまったりするんですね。

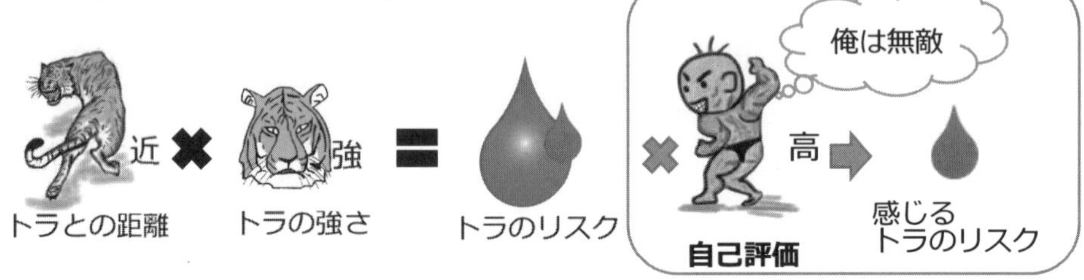

あるハザードのリスクについて「もっと危険だ」とより高く見積もることは、事故防止の観点からは好ましいのです。反面、「危なくない」（本来のリスクより低い）とより低く見積もると、必要な安全対策を無意識的または、意識的に省略してしまうこととなります。

自分を高く評価することがいつも悪いことだとは言いません。

その自己評価どおりに、デンジャーをいつも克服できれば、損害は出ないのですが、いつも克服できるとは限りません。

このように、**リスクの過小評価をきっかけに選択した危ない行動**のことを

「**リスクテイキング（risk-taking）**」と呼びます。

参考：蓮花一己「交通心理学」ハザード知覚

松永先生からの一言

食糧が十分でない場合、生きるためには危険を冒してでも食料を入手する必要があります。よって、動物には少々の危険は敢えて行うところがあります。つまり、安全度が高まる行動より、危険な行動を本能的に選択することがあります。これを、リスクテイキング　または、リスクホメオスタシス（危険度安全度平衡化機能）と呼びます。

Q.１９

運転が「危険」とわかっているのならやらなければいいんじゃないの？

A.　そのとおりです！リスクアセスメントの大前提は、

「完全排除」＝それをやらない　です。

自動車事故を起こしたくないし、被害にも会いたくないのなら、自動車の運転をせず、道路に出ないという完全排除の方法が一番です。

しかし、現実問題としては、運転はしたいけど、事故は起こしたくないというジレンマです。「運転をしない」、「外に出ない」という選択肢が使えない以上は、自動車事故防止対策はすべて次善の策（その次にいい方法は？）にならざるを得ません。つまり、運転する以上は必ず多少の危険と隣り合わせなのです。

とは言っても、運転をしない！車に乗らない！外に出ない！が一番の自動車事故防止対策です。という結論で終わったら怒りますよね・・・。

トピック　「リスクアセスメント」

リスクアセスメント（厚生労働省）のリスク低減方法を交通事故防止にあてはめると、

１）**本質的対策（完全排除）**・・・車を利用しない、外出しない、など
２）**工学的対策**・・・ぶつからない車を作る、交差点を排除する、車道歩道分離など。
３）**管理的対策**・・・ぶつからないルールを作りマニュアル化、教育・周知するなど。
４）**保護具**・・・１）～３）の措置でも取り除けないリスクに対して実施。
　　ヘルメット、シートベルト、エアバック、車の乗員歩行者保護性能の向上など。

といった順に検討することになります。自動車のような大きな社会的インフラに対する対策は、個人レベルとあわせて、社会全体で取り組むことが重要なのです。

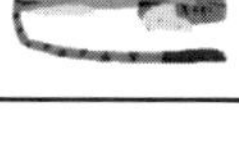

参考：厚生労働省委託平成２４年度リスクアセスメント研修事業受講者用テキスト
(一般社団法人日本労働安全衛生コンサルタント会)

第５章　潜在する見えない危険（死角的ハザード）

○　運転は「かくれんぼ」・あなたは「かくれんぼの鬼」

自動車の運転で問題になる「**危険**」は、「**見える危険**」と「**見えない危険**」に大別します。**見える危険のことは、「顕在的ハザード」**とご紹介しました。

でも、危険を探すときに難しいのは、**「見えない危険」**のほうですね。

ポイント　**「潜在的ハザード」その１**

「見えない危険」のことを「**潜在的ハザード**」といいます。
「潜在的ハザード」は次のように整理しておきましょう。

ひとつめは、**「死角的ハザード」**です。
運転中に物陰に隠れて見えない「潜在的ハザード」のことを指します。

これをさらに**「静的死角的ハザード」**と**「動的死角的ハザード」**に分けて考えます。いずれも、視界の中でも隠れたところにあり、その存在自体も行動もふつうに見ているだけでは気づくのが難しいことから、とても恐ろしい存在です。

「静的死角的ハザード」

壁や電柱、駐車車両などの
「固定物・静止物の陰にかくれて見えない危険」のこと

○　道路形状がつくる死角

【一般的な交差点の死角】

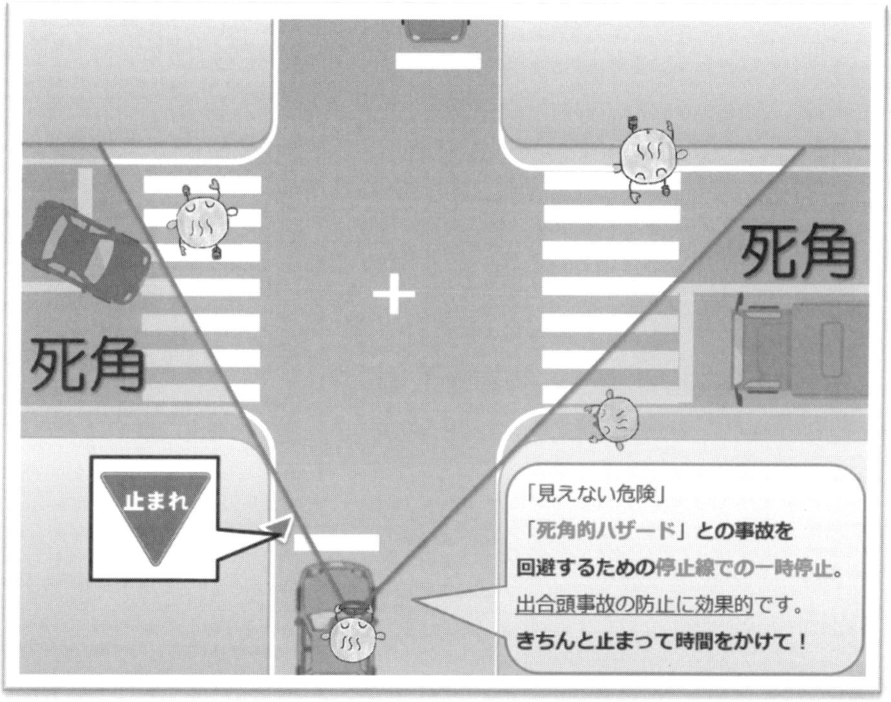

一時停止線の場所から少し前に出て停止・徐行する車両が多いのですが、これは一時停止ではありません。死角からの**ハザードの急接近**に対応できず、**出合頭事故**になってしまいます。

【カーブの死角】

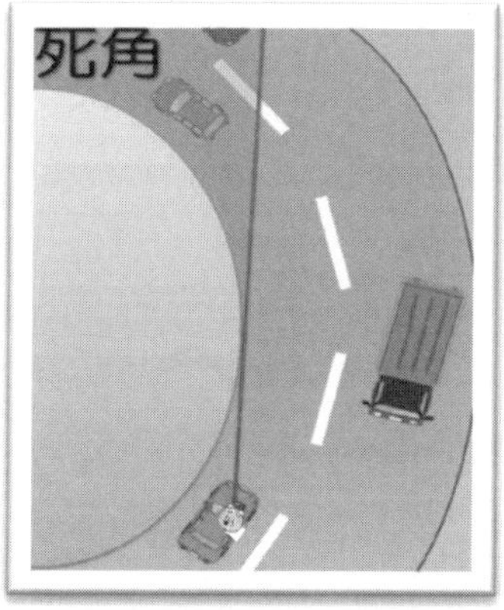

【坂道の頂上付近の死角】

この他に、道路構造の付帯物、階段、柱、街路樹、標識なども死角を作ります。

○　自分の車がつくる死角

【乗用車】　　　　　　【大型車両】

自分の車がつくる死角については車によって違いがあるので確認しておきましょう。

一般的には、運転席からは「窓から下の部分は全て死角」といっていいでしょう。運転時の座席位置、姿勢にも影響されます。

バックビューを中心に死角の確認用のカメラもかなり搭載が進んできていますが、結局そのカメラ映像を見るかどうかが問題ですから、ちょっと便利になったかな？くらいに思っておきましょう。カメラがついただけで見えているつもりになっていませんか？

○　他の車両（静止物）がつくる死角

ものの影には必ず死角ができます。そこに何があるかを知るためには、手前で止まって確かめるしかないのが現状です。

道を譲ってもらって、急いで行こうとしたら、陰から出てきたバイクと衝突！なんていう「サンキュー事故」は事故の定石ですよね。

【ドライブレコーダー映像よりⅠ】　**交差点周辺は死角の宝庫**です。

自動車事故の約７０%が交差点その周辺で発生しています。

だからといって、先の交通状況ばかりに気をとられると・・・

停車中の車両の影からこどもが走ってきました。

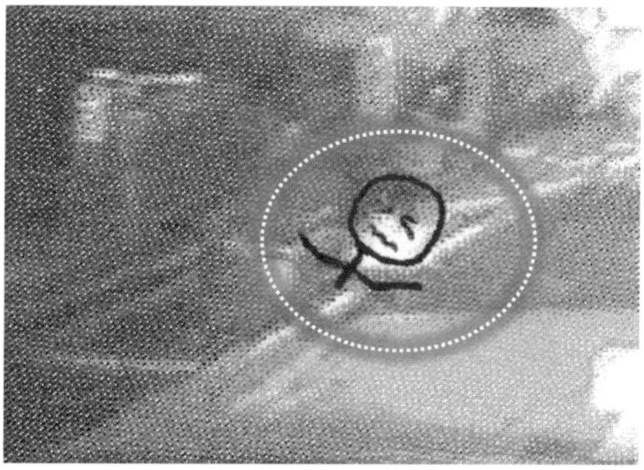

このケースでは、止まれず接触してしまいました。

これは、他の車両がつくる静的視覚的ハザードでした。

どんなに運転技術が高いドライバーであっても、このように情報量が多い場所では、適切な安全確認の習慣と、危険を発見したときに回避できる時間がいつもより多く必要です。死角的ハザードに対して無頓着に接近することは想像以上にリスクが高い行為です。

※ プライバシーの確保のためドライブレコーダー画像にはぼかし等の加工を施してあります。

トピック　その他の「死角的ハザード」

暗闇というとちょっと大げさですが、明るいときよりも暗いときの方が見えない範囲は大きくなります。

人間の能力の限界ですが、見通しのいい道路でも、真っ暗だと何も見えません。視界全部が死角になります。

そこで、ライトで照らしてみようというわけですが、対向車のことを気にし過ぎていつも下向きにしているという方はいませんか？新しく開発されている車両には、ライトの向きを自動制御する機能なども搭載されてきています。

暗闇の死角

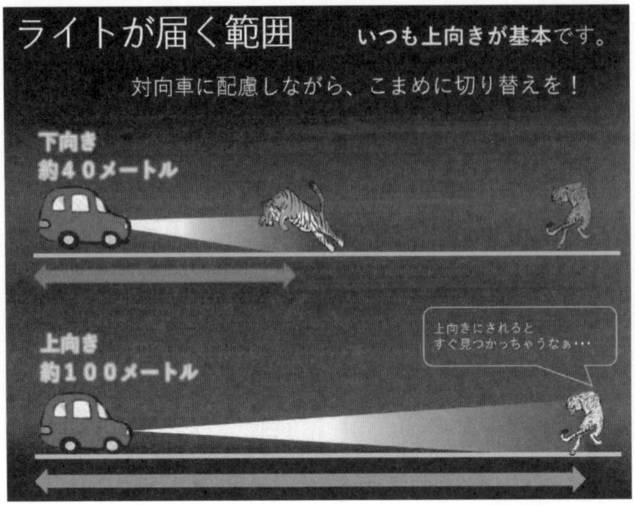

基本は上向き！

（前照灯の基準：保安基準 32 条台２項及び保安基準の細目を定めた告示第 198 条）

Q.２０

壁や電柱、特に交差点などの見えない場所（死角）が多いところで気をつければいいのですね？

A.　半分そのとおりです！でも少し足りません。

動かないものの陰に隠れた危険については、もうバッチリですね。

でも、前を走っている大型バスや大型トラック、並走する乗用車などの、**動いているものの陰**にも隠れた危険は潜んでいるのです。

「動的死角的ハザード」

渋滞中の対向車や並走中の大型バスの陰といった

「動いているものにかくれて見えない危険」のこと

なんの警戒もしていないと・・・

○　交差点は死角の宝庫

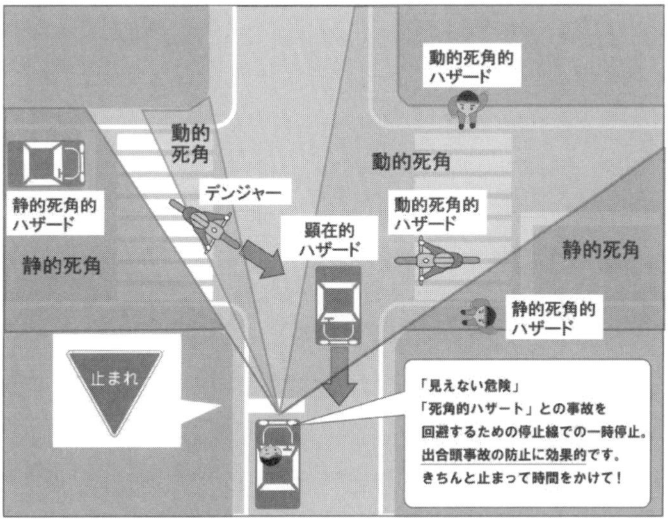

動的死角の範囲は、その死角をつくる物体の移動とともに変化します。静的死角も含めると、この図では、見えているところの方が少ないくらいですね。止まらずにこのまま直進すると、どちらかのバイクにぶつかってしまう危機的状況です。

【ドライブレコーダー映像よりⅡ】

①　前の車が交差点で減速しました。

②　信号は黄色に。でも急いでいるんです。

③　先行車を抜き去ろうとしたとき！

④　ブレーキを踏む時間もありません。

⑤　真正面に衝突してしまいました。

先行車がつくる**「動的死角的ハザード」【２輪車】**との事故です。

まさか、このタイミングで「右から２輪車が目の前に出てくる。」とは思いませんよね。**「意外」というのも事故の特徴**でした。**動的死角の存在を予測し、先行車の手前で死角ハザードの確認をそろりそろりと行う必要がありました。**

このドライバーにとって、２輪車というハザードは、②のとき「動的死角的ハザード」、③のとき「静的死角的ハザード」、④のときですでに「デンジャー」、と変化しています。結果的に【事故】に至ってしまいました。

【ドライブレコーダー映像よりⅢ】

① 夜間交差点にさしかかりました。

② 対向車が先に右折しました。

③ 一時停止して対向車をやりすごしました。

④ そのまま直進を開始すると・・・

⑤ 右折した対向車のかげから、突然自転車が現れて急ブレーキ！

「安全不確認」の典型例です。

安全確認していないわけではないのですが不十分でした。顕在的ハザード【対向車】をやりすごした時点で安心してしまいました。

右折する対向車がつくる**「動的死角的ハザード」【自転車】**との事故です。

交差点、暗闇の死角、右折車両という顕在的ハザードに加えて、動的ハザードの自転車が出てくるというとても危険な状況であることを理解していれば防止できそうですね。**「ハザード」がどんなもので、どんなところにあるのかを知ること、発見した後でも、確実に対応できる運転方法を知ることが重要**です。

【ドライブレコーダー映像よりⅣ】

① 中央車線はノロノロ進んでいます。
左車線が空いているようなので車線変更。

② 実はこのとき、対向車の死角から自転車が
道路を渡ろうと…でも視線は左車線なので気づきません。

③ 中央車線はノロノロ進んでいます。

④ 空いている車線で速度を上げていきます。

⑤ 自転車はこちらを見る気配もありません。

⑥ ハンドルで避けようとしましたが衝突。

対向車と、ノロノロ運転の車列がつくる**動的死角的ハザード【自転車】との衝突**です。渋滞で、中央車線に我慢できず、ちょっと先で路上駐車の車両があるので、元の車線に戻らないといけないのに、左車線が空いていると**安易に車線変更した直後**でした。

普段からこのような**「せっかち」な運転が習慣になっていた**ようです。必死に何台か抜いたところで早く到着するわけではないことはわかっているはずです。**視界に入っていても、目に映るすべてのものを判別することは難しいものです。Ⅱ、Ⅲ、Ⅳの事例のように、「確認のタイミング如何で見落としてしまう」ことがないよう、確認できる環境を維持すること＆時間をかけた確認行動を行うことをセットで習慣化することが必要なのです。**

Q.２１

死角に隠れている潜在的なハザードに気をつけると良いのですね？

A.　そのとおりですが、まだ足りません。

「動かないもの」、「動くもの」の陰（死角）に隠れた危険はとても怖いですね。でも、まだ潜んでいるのです。急に予測のつかない行動をとる他者の不確実な動きには要注意ですよ。

第６章　潜在する見えない危険（行動予測ハザード）

○　他者はコントロールできない。

油断していると、「顕在的ハザード」としてしまいそうですが、運転中に認識していたはずのハザードのリスクが突然大きくなる瞬間があります。それは、そのハザードが**全く予想していない行動をとったとき**です。その突然の行動が、もうひとつの「見えない危険」となり、事故のリスクを高めます。

ポイント　「潜在的ハザード」その２

「潜在的ハザード」には、**「死角的ハザード」**とあわせて、

「行動予測ハザード」があります。

「（交通）パートナーの危険」とも言われるもので、**他者（車）の突然の行動により生じる危険**のことを指します。例えば、**「道端にぼーっと立っていた歩行者が、いきなり道路を横切ろうとして自分の車の前に走ってきた！」**とか、**「右折待ちをしていると思っていた対向車両が突然右折をやめて直進してきた！」**とかいう状況です。

予想もしていないことが起こると、反応できなかったり、間違った反応をしたりしやすくもなりますよね。とっさのことは、なかなか練習できませんので、うまく処理・回避できることは稀です。油断してハザードに近づくと、思わぬリスクがあるかもしれません。　**予想外を減らす⇒危険感受性を高める**

【ドライブレコーダー映像よりV】

①右折しようとしています。対向にも右折待ちの車がいます。車が切れず、イライラしています。

②やっと曲がれるタイミング！と発進したところで対向右折待ちの車が急に右折をやめて、直進開始！

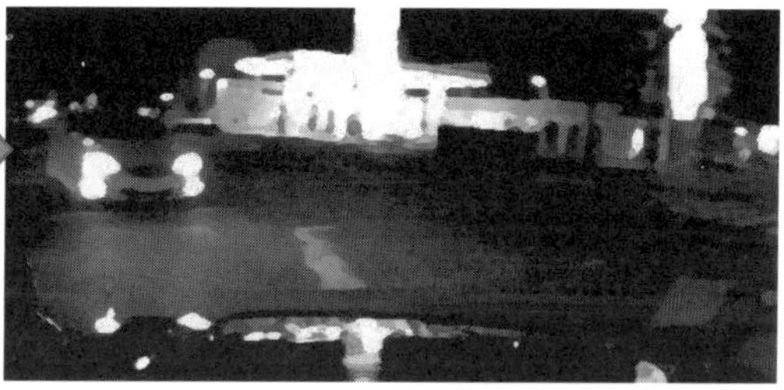

③クラクションで警告しながら相手を遮リ、右折を敢行。意識は、対向車（デンジャー）。

④すると、右側から自転車（死角ハザード）が進入してきて、気づかずに衝突。さて何が問題？

「顕在的ハザード」であった、**対向右折車**が、突然直進に切り替え、「行動予測ハザード」として、右折を開始した自分の方へ向かってきました。接近し、このまま右折を続ければ衝突です。対向右折待ちだった車両は、この時すでに、緊急回避（危険克服行動）をとらなくてはならない明らかな危険「デンジャー」となりました。

ところが、このドライバーさんは、ここでクラクションを鳴らし、「おまえが止まれ！」というメッセージを送って相手を制止し、我先に右折を敢行します。相手が幸い止まってくれました。つまり、このデンジャーはデンジャーだった**（相手対向車）のおかげ**で克服されました。

しかし、同時に迫っていた**もっと危険な状況**にまったく気づくことができませんでした。見ていれば、「顕在的ハザード」、自車の死角にいたのなら「死角的ハザード」であった**【自転車に乗った少年】を見落として、**結果的には**衝突**してしまいました。

このケースでは、「**行動予測ハザードの怖さ**」と、「**道路上の危険は１つではなく、何個も同時に存在する**」ということを感じていただければと思います。運転では、急ぐメリットは期待できないのが現実です。「急いては事を仕損じる」ですね。

Q.２２

危険に対して敏感か鈍感か、個人差はありますか？

A.　もちろん、個人差はあります。

しかし、ある程度のレベルまでは、訓練することで向上させることができます。

第７章　危険感受性（「危険に気づく力」を鍛えよう）

○　交通環境における危険感受性を高める方法

普段、何気なく運転しているようでも、運転中は様々な危険を察知しながら用心して運転をしていますよね？

例えば前方に駐車車両がある場合。「急に車が動き出さないか？」とか「急に運転席のドアが開かないか？」などの「行動予測ハザード」と「車の向こうに人がいないか？」といった、「死角的ハザード」にアンテナを立てますよね？

そうして、危険(ハザード)を感じ取っていれば、おのずとその危険に対してどうするのかを考えています。

危険感受性を高めるための危険予測訓練では、訓練の課題として、

（1）外界の危険対象の把握（ハザード知覚）

（2）自分とのかかわりでの危険の把握（リスク知覚）

（3）危険対処としての運転行動の仕方（リスクテイキングとリスク回避）

の三分野を区別する必要があるといわれています。

そして、危険予測訓練で一番大切なのは、危険を避ける過程の最初にある、

（1）外界の危険対象の把握（ハザード知覚）であるとされています。

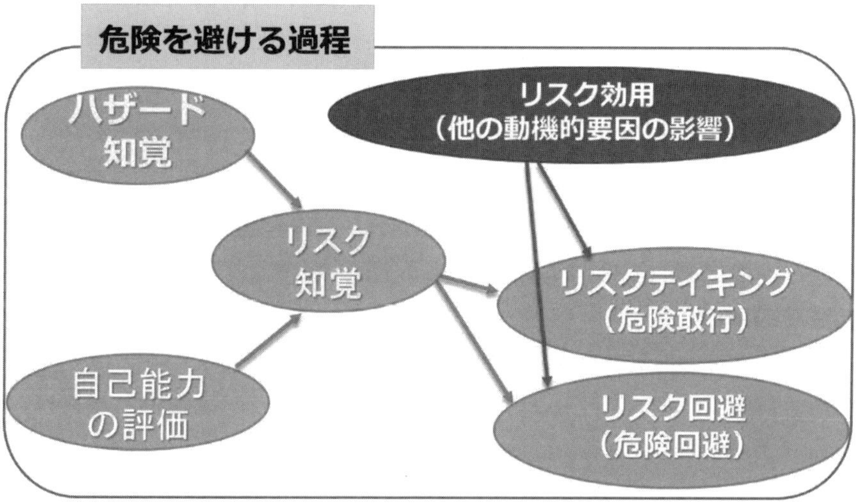

ハザード知覚（小川 1993）
「状況内から、事故可能性と結びつく対象・事象・環境条件を探索し、事故可能性が潜在する状況性を把握または予期する情報処理過程」と定義している。

引用・参考(交通危険学Ｐ42～44　蓮花)

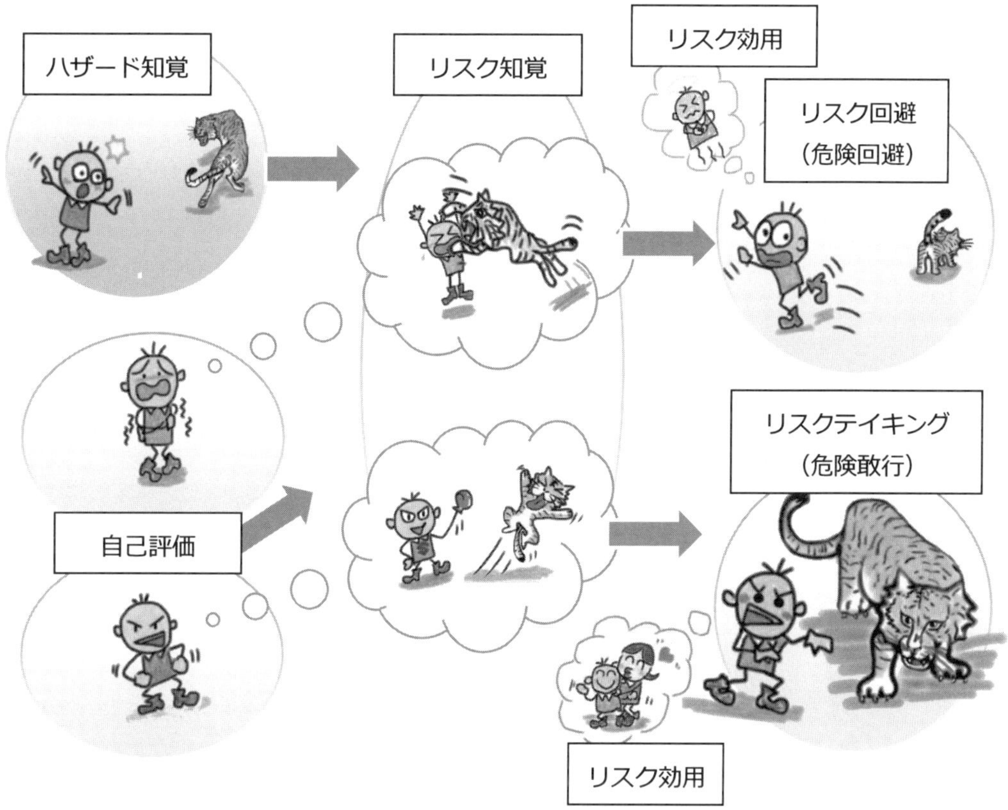

「ハザード知覚」の能力を引き上げるためには、どんなところに「危険」があるかを知って、予測ができるようになることが必要です。

【目の前にあることがすぐわかる「顕在的ハザード」「デンジャー」】は、差し迫った危険ではありますが、その存在がすぐにわかっているので、言われなくても、運転行動のなかでスムーズに危険克服行動が起こります。従って、衝突のリスク（危険性）はさほど高くありません。

半面、**隠れている「潜在的ハザード」**、**予想がつかない「行動予測ハザード」**に遭遇すると、きちんと探していなければ、**気づかないうちに突然、リスクが高い状態に陥る**ので、慌ててしまって間違えたり、時間が足りなかったりして、「克服したくてもできないことがある」ので衝突のリスクがとても高いのです。
「ハザード知覚」と「リスク知覚」を含んだ概念を**「危険感受性」**といいます。危険を知り、危険に敏感になることは、「危険感受性」を高めることになります。

○ 危険予測訓練

あなたは、車でこの道路を時速 40km/h で直進しています。

この状況であなたは、

②　何に注意を向けますか？それはどうしてですか？

②　これからどのような行動をとりますか？ 回答は第２部のまとめへ（88 ページ）

トピック　「危険予知トレーニング」【ＫＹＴ】

「危険予知トレーニング」【ＫＹＴ】ってご存知ですか？

バスやタクシー、トラックなどの運転のお仕事の現場では、ドライブレコーダーがお手頃になってきたことから、記録された**事故の前後の映像を活用して、小集団活動で行う【ＫＹＴ】が「危険感受性」を高める危険予測訓練として人気**です。

もともとは、医療現場や、建設現場で、「ＫＹ活動」などという呼び方でおこなわれてきた事故の未然防止のための安全教育の手法が原型です。

ただし、自動車事故防止で活用する場合、第２部でご紹介した、

「交通環境における危険」、「ハザードやリスクについての知識の整理」

ができていないと、効果はあまり期待できません。

同じ交通場面でも、人それぞれ見方や危険の感じ方が違うものです。同じ人物であったとしても、同じ場面では、いつも同じに感じるかというと、そうでもありません。

例えば、いつもの商店街を歩いていても、「食事をしようと思って歩いている時」と、「洋服でも買おうかしらと思っている時」では、視《み》るものや注意を向ける方向が全く違ってくるものです。

人はいつも見たいものだけを見て、目に映っているものを都合のいいように解釈します。また、まったく同じものに対しても、**環境の変化や、その時の気分の違いで捉え方を変えてしまいます。**

ポイント　「危険感受性」を高める

危険を正しく見つけて対処する為には、**見えている危険「顕在的ハザード」**だけでなく、**隠れている危険「死角ハザード」、「行動予測ハザード」**を**見つけ出すための訓練＝「危険予測訓練」**を**正しく行うことで、危険に敏感になっておく**ことが効果的です。

「交通環境における危険」を正しく見つけるコツはつかめましたか？。

トピック　「３Ａ（ドライアー）訓練」

ムンシュの考案したパートナー学での中心的な訓練法である。三つのＡとは、歩行者の　①年齢（Alter）、②意図（Absicht）、③注意（Aufmerksamkeit）を指している。歩行者をはじめとして道路上のパートナーの行動を予測するための観察力を身につけさせるためのものである。こうした訓練などを通じて、歩行者や自転車に対するドライバーの危険予測能力を高める必要性は高いはずである。

「交通危険学」（蓮花　一己著、啓正社）　より引用

・年齢は何歳ですか？
・何をするつもりですか？
・注意はどうですか？

※　実際の交通場面の写真を使って実施する。

第２部のまとめ

そもそも何が危険なの？…交通環境における危険とは？

ポイント　「危険」をきちんと整理する

　運転中に常に行う「事故防止」・「安全確認」は、**「危険」の存在を感知し、「危険」に衝突しない距離をとることの繰り返し**にほかなりません。

①　危険を見つける

☆　**「ハザード知覚」**　交通状況に潜むハザードを見つけ出す過程

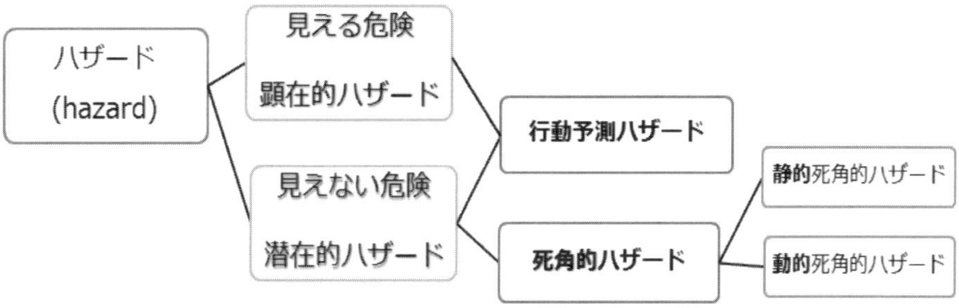

②　危険を正しく見積もる

☆　**「リスク知覚」**多くのハザードがある環境の中で、自分がどの程度事故にあう可能性があり、どの程度の損害が出るのかを評価する過程

　①と②をひっくるめた概念を**「危険感受性」**といいます。

　事故に遭遇しないためにこれらの「ハザード」の存在や発生を予測するためには、これらの**危険「ハザード」について理解を深めること**が欠かせません。

ということで、第２部では、道路上の**「危険」**に焦点をあててご紹介してみました。

「**見えない危険にいかに敏感になれるか**」が、事故防止への第一歩です。

（危険予測訓練の回答）

あなたは、車でこの道路を時速 40km/h で直進しています。

この状況であなたは、

①　何に注意を向けていますか？それはどうしてですか？

②　これからどのような行動をとりますか？

さて、みなさんは、どのようにお答えになったでしょうか？

①の回答　**A**　手を上げて道路を渡りはじめたサラリーマン風の男性（デンジャー）

⇒このままの速度で進むと自車と衝突するから。

B　バスの後部の人影（静的死角的ハザード）

⇒こちらの走行車線内に進入してくると自車と衝突するから。

C　バスの後方から近づいている対向車（行動予測ハザード）

⇒こちらの走行車線内に進入してくると自車と衝突するから。

②の回答　A のデンジャーに対応するため、すみやかに減速し、男性の手前で停止して男性が道路を横断するのを待つ。その間、対向車線のバスの陰（死角的ハザード）と対向車（行動予測的ハザード）の監視を行う。

ほかにも建物の陰の死角的ハザードや乗降客の行動予測的ハザードなどがありますが、この場面では、まずデンジャーへの対応が最優先ということですね。

Q.２３

自動車事故は、道路上（交通環境下）の危険対象物（ハザード）を見落として（発見の失敗・遅れ）起きることはわかりましたが、その対処法ってありますか？

A.もちろんあります。それを伝えるのがこの本のキモです！

この後の第３部では、はじめにご紹介した「３つのすごい事故防止法」の具体的なやり方を確認していきましょう。

自動車事故防止の「基本の型」【３つのすごい事故防止法】

❶　全ての運転操作の前の確認行動

❷　完全に停止した状態での、時間をかけた確認行動

❸　進行方向への４秒間以上の無障害空間の確保

第３部

どんな運転で事故を減らす？…危険回避の具体的な方法とは？

第８章　危険回避行動

○　危険回避行動の７つの種類

「危険回避行動」というのは、通常の危険を回避して運転することです。

緊急事態にならないように、危険にさらされないように、あらかじめ対処しておく**準備行動**のことを言います。

急ブレーキ、急ハンドルなどの**事故直前の緊急回避**のことは、**「危険克服行動」**と言って区別します。混同しないようにしてくださいね。

危険回避行動には次の７つの種類があります。

①　速度行動

②　減速行動

③　ポジション行動

④　確認行動（視覚的聴覚的探索行動）

⑤　合図行動

⑥　レーン選択行動とルート選択行動、交通手段選択行動

⑦　準備行動を含む運転者行動（運転準備行動）

①から⑦までの数字あがるほどに安全への構えのレベルが高い行動となります。

もちろん７つのどれをとっても、大切ですが、特に注目していただきたいのは、**③ポジション行動　と　④確認行動（視覚的聴覚的探索行動）**の２つです。

この③④の２つは、「自分ではできている、やっていると思っていても、実際の運転行動を客観的に見直すとできていない」、というように、**自己評価と実際の運転とのギャップが大きく**、しかも、できていないと事故に直結するし、個人差も大きいという、事故防止の観点からみると非常にきわどいポイントです。

ポイント　「危険回避行動」①～④

危険回避行動の７つの種類

① **速度行動**・・・状況に応じて速度を決定すること。

② **減速行動**・・・危険状況で速度を減少、時には停止させる行為。

③ ポジション行動

顕在的あるいは潜在的危険から、安全確保に必要な距離を確保する行動。

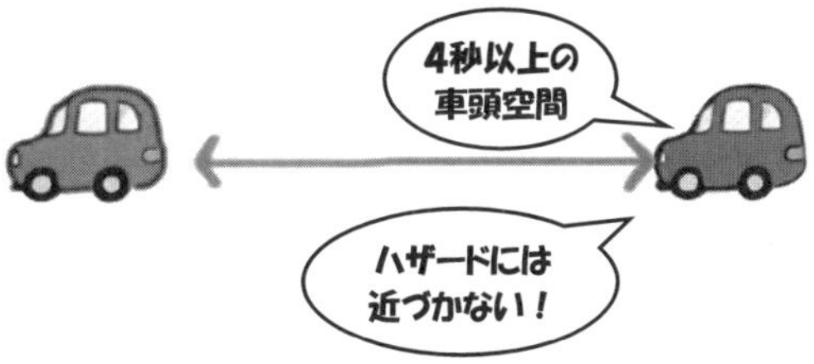

④ 確認行動（視覚的聴覚的探索行動）

死角に伴う潜在的危険や、相手の行動を見極めるための確認行動。

ポイント　「危険回避行動」⑤～⑦

危険回避行動の７つの種類

⑤　合図行動

相手への合図、および自分の存在や行動を「見せる」ための行動。

⑥　レーン選択行動とルート選択行動、交通手段選択行動

危険回避の面から見て、適切な走行レーンを確保するなど。

また、危険暴露度（risk-exposure）を減らすためには、時として車両の使用を控え、鉄道など他の交通機関を利用するなど。

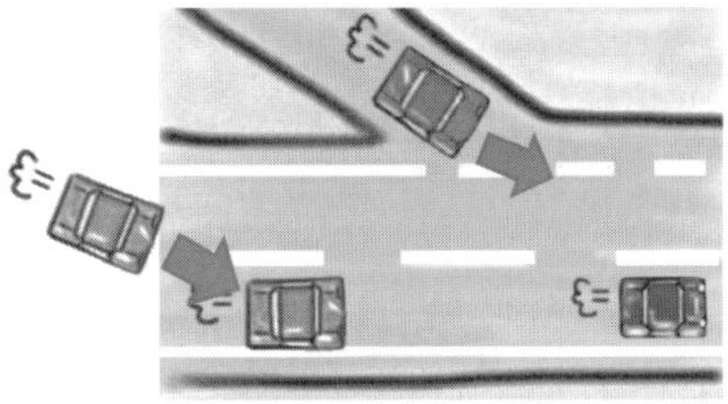

⑦　準備行動を含む運転者行動（運転準備行動）

シートベルトの着用、飲酒の問題などの考慮、長時間運転を避け睡眠を良くとる、車両点検、目的地までの距離、行程、所要時間を確認する、など。

参考・引用：「交通危険学」（蓮花　一己著、啓正社）
「交通心理学」（蓮花　一己・向井　希宏　著、NHK出版）

Q.２４

危険を回避するのだから、運転操作が上手な人は自動車事故も少ないですよね。

A.　運転操作が上手くても、必ずしも安全とは言えません。

「自動車の運転」は、免許を取得すれば技術的には可能ですが、「自動車を運転できるか？」というのと、「安全に運転ができるか？」というのは別の話です。

自動車の運転については、「免許を持っているからみんなが安全な運転をできるはず」と言いたいところですが、近所の道路をちょっと眺めただけでも、個人差が大きく、残念ながら「そうとは言えない」と言わざるを得ないのは、みなさんもご承知のとおりです。免許を取ってしまえば、事実上、日常の運転実技以外には、安全運転に関する訓練はほとんど行われていません。

ポイント「安全運転に必要なもの：高度なセルフコントロール」

安全な運転を担保するのにどのくらいの運転技能が必要なのかは、その上位にある危険予測力の程度によって決まるし、どの程度の危険予測力が必要かは、さらに上位の運転計画性によって決まります。

例えば、出発時間を守ることを軽く考えている人は、結果的に先急ぎの運転をしなければならなくなり、より高い危険予測力や、運転技能が必要になってしまいますよね。こうなると、いくら技能が高くてもトータルの安全性は低いというわけです。

参考：高齢ドライバーのためのミラーリング法によるメタ認知教育プログラム開発：太田博雄（平成 23 年度タカタ財団助成研究論文）

トピック　「危険回避行動と GDE モデル」

フィンランドの交通心理学者ミッコネンとケスキネンによる運転行動階層モデルをベースに、ヨーロッパでの初心運転者教育プログラムの指針として提唱された **GDE モデル**（**G**oals for **D**river **E**ducation）というものがあります。GDE モデルでは、以下のように安全なドライバーを育成するための教育として何を教えるべきなのかが述べられています。

人生の目的・態度、適応能力
（社会への意識、態度、感情のコントロール、危険を好む傾向、ライフスタイル、飲酒傾向など）

運転の目的・意味付け
（自分にとって車とは？ 楽しみ？ 移動？ 車の必要性、目的地へのルート選択など）

道路状況の把握・対応能力
（他のドライバーの行動予測、危険予知、適切な車間距離など）

運転操作（スキル）能力
（スピードコントロール、ハンドル操作、バックなど）

ドライバー行動階層モデル　Mikkonen,V and Keskinen,E(1980)

GDE モデル（**G**oals for **D**river **E**ducation）

	知識・技能	発生可能な危険	自己評価
レベル４	感情コントロール・自己コントロールと運転	感情コントロールや危険敢行傾向と危険発生	自分の感情コントロール力や危険敢行傾向
レベル３	運転計画	不十分な危険予測からくる危険発生	自分の運転計画や運転目的と安全性について
レベル２	危険予測力やコミュニケーション力	不十分な危険予測からくる危険発生	自分の危険予測やコミュニケーション力
レベル１	運転技能や車両特性	技能や法規理解の不十分さからくる危険発生	自分の運転技能や法規理解

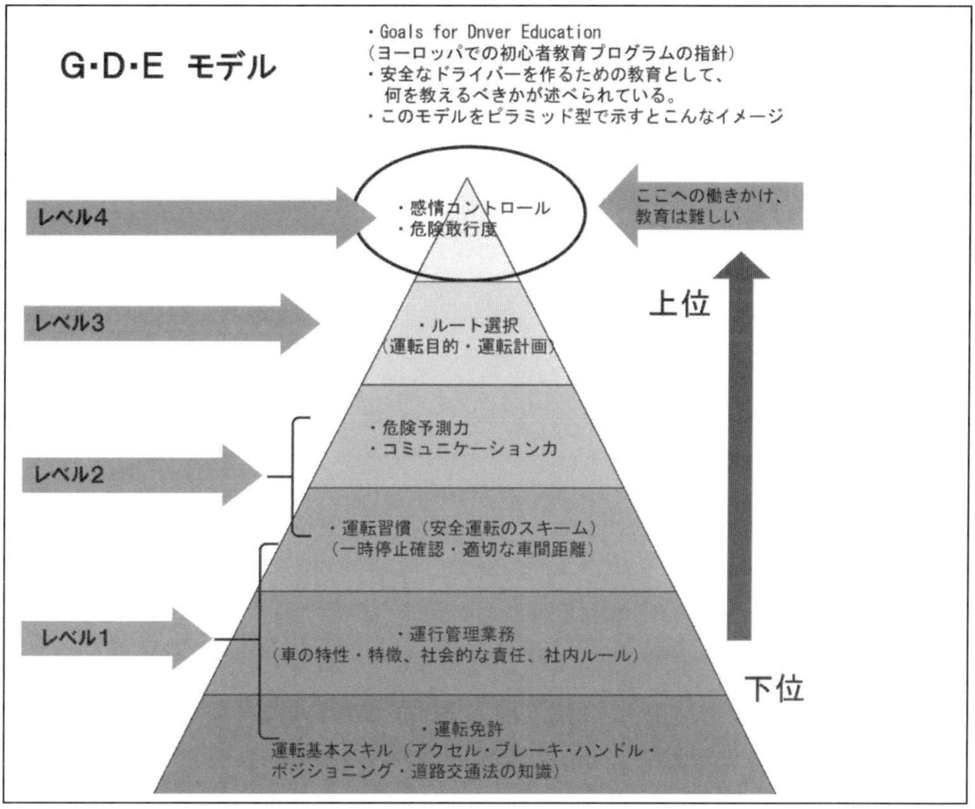

このモデルでは、運転技能は最底辺に位置します。ドライバーの実際の技能や知識と合わせて、その**自己評価・メタ認知が重要視**されます。これは、リスク評価との関連からくるものです。前述の**７つの危険回避行動**においても、①②の運転技能（スキル）の上位に、③④⑤の危険への構えとコミュニケーション、その上位に⑥運転への計画性があり、最上位には⑦運転準備行動としての高度なセルフコントロールが階層を成しています。これまで事故防止の取り組みといえば、運転技能に偏った教育が中心となることが多かったのですが、どんなに運転技能を磨いたとしても、高次のレベルの安全性が確保されないままだと、真の安全は担保されないということが様々な研究から明らかになっています。

③**ポジション行動**と④**確認行動**の**理解と習得を出発点**として、さらに上位のレベルに対して意識的に焦点を当てた運転者教育の確立が求められています。

「自動車の運転」は、免許を取得すれば技術的には可能ですが、「安全に運転ができるか？」というのは別の話です。安全運転教育で、運転技能は、なんと一番下のレベルです。これらドライバー行動階層や、GDE モデルをご覧いただけば納得ですね。

第９章　確認行動（どうやったら確認できるの？）

○　本当に安全確認していますか？

自動車事故の根本原因は、１９ページのポイント「自動車事故の定義と原因」でご紹介したように、動かし始めた後ぶつけてから気づいた等、「対象物の存在を見落とした、見誤った、あるいは対象物の動きを見誤った」という「**発見の失敗・遅れ**」でしたね。

★「発見の失敗・遅れ」を起こさない運転をすることが大前提！

安全確認の習慣形成の重要性

誰でも、自動車事故は避けたいものですから、安全確認のために周囲のいろいろな危険に注意を向け、危険回避行動を繰り返し、その手順に慣れていきます。

そんな中、焦りや急ぎとは別に、**間違った安全確認の作業手順**がきっかけで「発見の失敗・遅れ」になるパターンがあります。

さて、あなたが新しい動作を起こすときの確認作業の手順は、

①動作の前に確認　②動作しながら確認　③動作の後に確認

のうちどれでしょう？

どんなに、注意力があって、視力もよくて、やる気があっても、手順によってエラーが発生する確率が変わります。

①が正解。②は要注意、③は間違いです。

ポイント「習慣化した無意識の行動」を意識的に

例えば、いつもの朝歯磨きの時や、車で出かける時のことを想像してみましょう。

・歯ブラシがある場所に立ってから、最後の口ゆすぎが終わるまで

・車に乗り込んでから、アクセルを踏んで車を発進させるまで

どんな手順か思い出せますか？できるだけ細かく手順を説明してみてください。

例題：車に乗り込んでから、アクセルを踏んで車を発進させるまでの手順	
最初	2番目
3番目	4番目
5番目	6番目
7番目	8番目
9番目	10番目

実際に運転席に座ってから、こんな感じで是非一度チェックしてみてください。きっと新鮮な気持ちになれると思います。意識して考えてみるといつもどうやっていたのか、かえってわからなくなる方もいるでしょう。

私の“車に乗り込んでから、車を発進させるアクセルを踏むまでの手順”の一例	
最初　ブレーキに足乗せ、ブレーキ踏む	2番目　シートベルトを引き出して装着
3番目　鍵を挿入、回す（エンジン始動）	4番目　右手はハンドル 左手はサイドブレーキ
5番目　左ミラーに続いて右ミラー視認	6番目　ルームミラー視認、両サイド目視
7番目　サイドブレーキ解除	8番目　左ミラーに続いて右ミラー視認
9番目　進行方向確認後、ブレーキ離す	10番目　アクセルに足乗せ、踏み込む

　いつも行う作業は、大抵同じような作業手順で自動的に行っているはずです。このように習慣化した作業は、細かく**意識せずに実行している**ので、説明するのが意外と難しいですね。

トピック　「行為スキーマ」自動化された行為

間違った作業手順が習慣化していると、事故を起こしてしまった時に、どうして事故になったのかわからず、必要以上に相手を攻撃したり、不安でどうしようもなくなって運転するのが異常に怖くなったりします。あなたがイメージしている自分の運転と実際のあなたの運転は本当に同じですか？

いつもよく行う習慣的な一連の動作の集合のことを**「行為スキーマ」**といいます。いくつかの手順がまとまって一つの動作を形成し、ほとんど**無意識に実行されます。**前述の「車に乗ってから発車するまでの手順」も、その一例です。運転経験が長くなってくると、このスキーマが増えることで、運転が楽にできるようになった気がするのです。

動作が先で確認が後回しになるような、間違ったスキーマが習慣化されていると、スキーマ自体はいくつかの手順に分かれているので、その**動作が順次実行されている最中に、話しかけられたり、違うことを思いついたりして中断してしまうと、安全確認の部分が丸ごと省略される**ことがあります。

また、正しい安全確認のスキーマが習慣化されていたとしても、やりかけの**スキーマを途中から再開する時、スリップエラーがよく発生します。**

中断した安全確認の過程は、もう一度、その時点の安全をはじめから確認し直さないといけませんが、中断前の段階ですでにやっていた確認部分は実行されず、結果的に、安全不確認になってしまうのです。

はじめは面倒に感じても、現在の運転作業手順を改めて見直し、正しく安全確認を実行することを意識的にくり返すことで、正しい行為スキーマが形成されます。これをうまく習慣化できれば、それが普通の行動となり、今あなたが運転している時と同じように、特に面倒とも難しいとも感じなくなります。

すごい事故防止法！

☆基本の型❶　「全ての運転操作の前の確認行動」

運転中には、数限りなく安全確認が必要な状況が連続していますので、その確認作業自体の手順は、ドライバーごとにほぼ習慣化されています。

そこで「自分は動作の前の安全確認をしているか、どのような手順で運転しているのか」について考えてみましょう。そして、身についている安全確認の作業手順を見直し、**正しい手順を学習し、習慣化する**ことが、自動車事故防止をする第一歩です。

○　「徐行」は安全なのでしょうか？

「徐行」って何km/h くらいかご存知でしょうか？

一般的には１０km/h 以下といわれています。遅いような気がしますが、実は**歩く速さ（時速４km/h）の倍以上です。**

「止まらなくても徐行で十分見えるから大丈夫！」という意見もまだまだ多いのですが、やっぱり徐行しながら（動きながら）「チラッと」見ただけの確認では、事故防止のための十分な情報獲得はできないのが現実です。

事実、事故統計を見ても、「徐行」状態での事故が４０%を占めています。そもそも徐行といえば、見通しの悪い交差点を通過するときのように危険な状況の時にやるものですから気は抜けませんね。

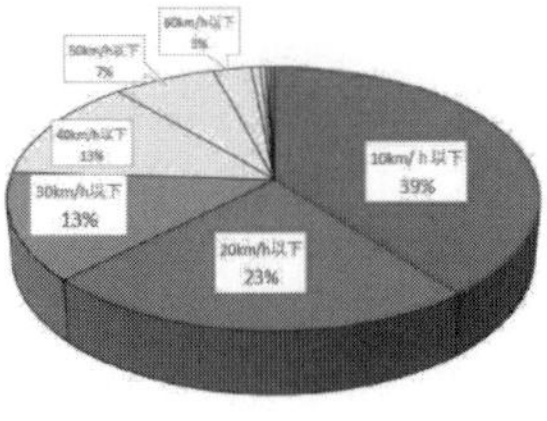

事故が発生したときの危険認知速度

第１部のおさらい⇒交差点・低速時に発見の失敗・遅れがきっかけとなり出会い頭の事故が発生している。　→→　結局、徐行時が一番危険。

※10km/h 以下が 約 40%

このように「チラッと」一瞬見ることを「**瞬間視**」と言います。視《み》る気満々でも、少しでも動いている状態で視《み》ようとすると、時速 10km なら１秒に 2.5m、時速４ｋｍでも 1.1m進んでしまうので、どうしても時間が足りませんから、結果的に「瞬間視」にならざるを得ず、徐行程度の速度とはいえ十分な情報を得ることができないのです。どうすれば、運転中に必要な情報をきちんと正しく認知できると思いますか？

トピック　サッケード

人間は対象を把握する時、一度に視界に入れることができる対象であったとしても、その**視線**は、対象の輪郭や特徴の間を、細かく目を振動させながら素早く移動し、情報を総合して全体を理解するという作業を行っています。

このような視線の移動のことを**サッケード**といいます。

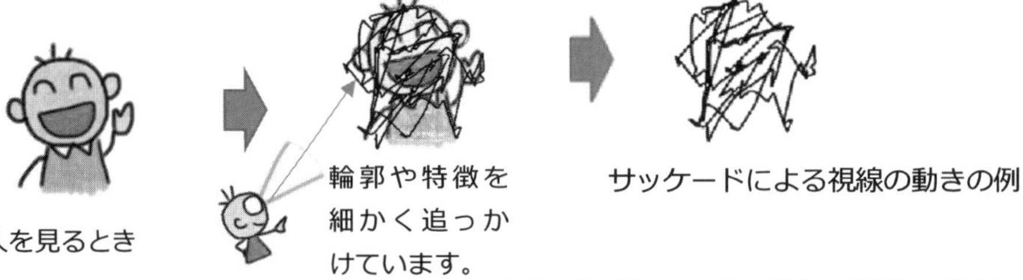

参考：宮本敏夫　脳の働き-「知覚と錯覚」

すごい事故防止法！

☆基本の型❷「完全に停止した状態での、時間をかけた確認行動」

人が外界の情報をきちんと収集するには、**「細かく目線を動かして（サッケード）、全体をバランスよく見る」**ことが必要です。

そのため、自動車事故防止のための安全確認には**どうしても時間をかける必要があります**。何度も言いますが、私たちは、時間をできるだけかけて、その間に一生懸命に目を動かして、じっくり視ることではじめて、全体の状況をきちんと把握・確認する事ができるのです。

シナール（1985）によるアメリカでの大規模な事故分析研究でも

「事故直前の運転者行動の第１位は不適切注視で、周囲をさーっと見回すだけ（瞬間視）では、正確な知覚はできない」野口・山下訳「交通心理学入門」

とあります。

・走行中の安全確認は、常に見落としのリスクがつきまとう。
・あらゆる危険性をきちんと見定めるには、危険対象が何かを知った上で、完全に停止した状態の確認作業しか方法がないということを知る。

「発見の失敗・遅れ」を起こさないようにするためには、見るものに目を向けている時間を長くして、ハッキリ確認することが必要なのです。

そこまでやっても、運転席から確認できない場合は、いくら面倒でも、車から降りてでも、目視による確認をするしかありません。

停止すること、時間をかけてみること、何を見るべきかを知っておくことが大切です。

と、いうことで、**「停止すること」と、「時間をかけて視ること」をセットで行う、「一時停止」の実行が自動車事故防止対策として、有効であることが実証されています。**

ポイント　「一時停止・確認キャンペーン」

わが国の交通事故の多発場所が交差点であり、そこで発生する出合い頭事故の原因行動が「一時不停止及び知覚不全である」という実態に即し、その排除こそ交通事故防止の有効な対策であるという認識のもとに実施されている

（長塚 1993、１998）

一時停止とは

一時停止の標識がある交差点では、その**交差点の手前の停止線の直前、**
停止線が無い場合は**交差点の直前**で、**完全に車輪を停止させること**

一番多く発生している脇見・一時不停止といった「事故親和行動」の反対をやろうという発想から生まれたキャンペーンです。下のグラフは新潟市の例ですが、いろいろな都市で試され効果が実証されているすばらしい取り組みです。

この取り組みで使用されている、長塚新潟大学名誉教授のキャッチコピー、**「しっかり止まって、はっきり確認」**に加えて、「危険とは何か？」つまり**「止まって何を見るのか」**を教育する取り組みになることを期待しています。

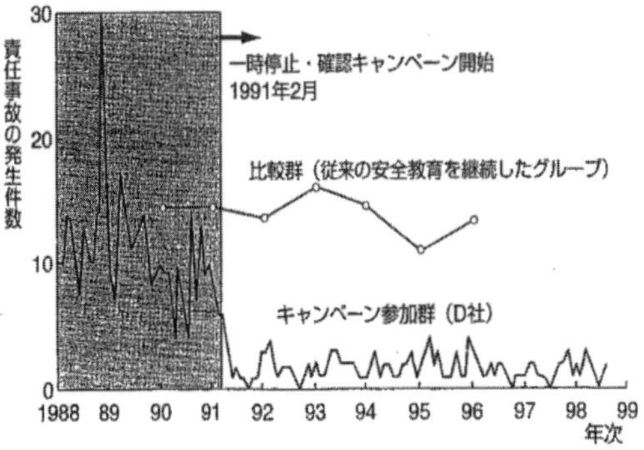

引用：交通心理士講習用テキスト「交通心理学 2-2」4

ポイント　「多段階停止」

☆「多段階停止」による安全確認

交通量が多く、事故発生のリスクが最も高い交差点での**安全確認を完全に停止した状態で安全確認ができるまで、くりかえし行う**ことを「多段階停止による安全確認」と呼んでいます。

停止した状態での確認行動の事故防止効果は「一時停止キャンペーン」などで実証済みですが、目的の浸透が不十分で、一時停止のみを強く指導した場合は、「止まること」のみが実施され、「確認行動」が省略されるといった、**「手段」と「目的」の逆転現象**が見られます。

- **「新たな行動に移る前に安全が確保されていること」**
- **「時間をかけてよく視ることで安全の確保をすること」**

が重要で、ここでの「目的」です。

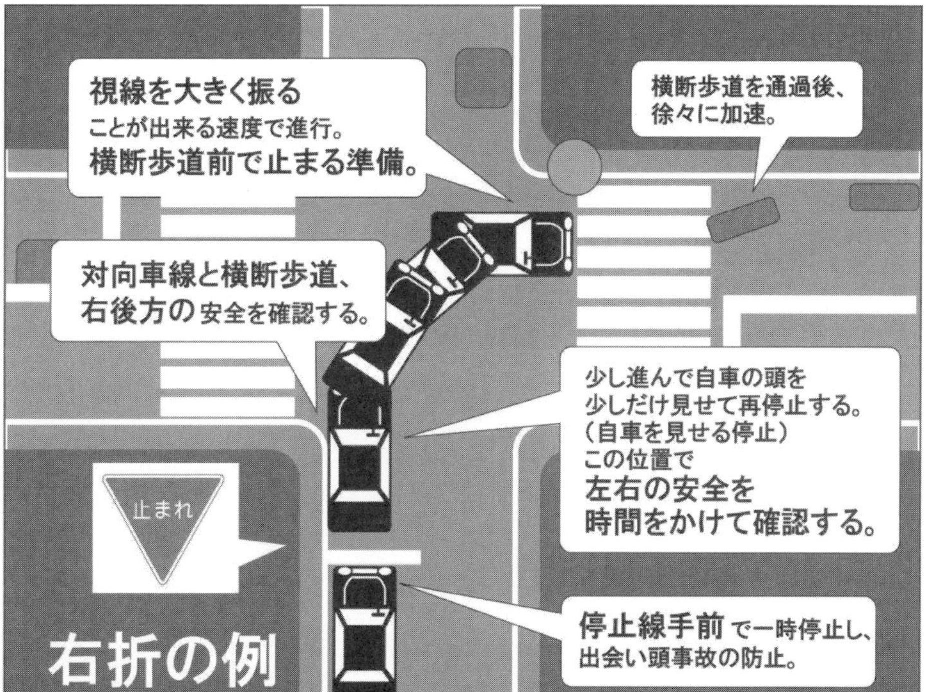

「基本の型」を実現するための「運転の方法」です。左折も直進も考え方は同じです。

第１０章　ポジション行動（危険との距離のとり方）

○　ポジション行動としての「車間距離の確保」

さて改めて、あなたは、車間距離を意識して運転していますか？

どのような基準で車間距離をとっていますか？車間距離のとり方（離れ方、離れる距離）には基本の型があり、【距離】ではなく【時間】でとる考え方が基本です。

次の３つの観点から、車間時間を確保する方法を理解しましょう。

Ⅰ．時間で考える。

自車の前方には、どれだけの時間的余裕が必要？

Ⅱ．有効視野で考える。

人間の認知力に合わせた

危険との距離のとり方は？

Ⅲ．交通社会におけるマナーで考える。

社会的に許容してもらえる車間距離ってどのくらい？

Ⅰ．時間で考える。

○自車の前方にどれだけの時間が必要なのか？

急いで素早くやろうとすれば失敗が増えて、十分に時間をかけてゆっくりやると、失敗が減ります。

つまり、**素早さと正確さは、いつもトレード・オフ（反比例）の関係です。**簡単に言うと、**人間は、時間が足りない時に失敗する！**ということですね。
ここでのポイントは、運転中に失敗しない（事故を起こさない）ために、

「自車の前方に３～４秒程度の時間を確保しておこう！」（車頭空間の確保）

ポイント　「４秒間の進行方向空間距離の確保」

「車間距離」という言い方だと、進行方向に何かしら対象物があって、それに対して距離を取るというふうに思われがちですが、ここでは、対象物があっても無くても「**進行方向に無障害で安全な空間を確保する**」ということを基本の考え方としています。

「安全な空間」とは時間にして「４秒程度の時間を確保した車頭空間」のことを言います。

前方の対象物に対する距離ではなく、「**進行方向への４秒程度の空間時間**」を車間距離として考えます。

衝突する手前で余裕をもって停止することが目的ですので、先行車両がいても、いなくても「進行方向の４秒先まで安全か？」を常に確認し続けることとなり、結果として、「**運転に必要のない脇見**」**を防止する効果も期待できる**ことになります。

４秒間の距離は、車速が上がると広がり、車速が落ちると狭く（近く）なりますので、いつも４秒以上でとっておけばいいのです。ただし、進行方向全体に注意を向けていることが条件ですよ。

出典：松永勝也編：交通事故防止の人間科学【第２版】
自動車の運転時の発生メカニズムより

というのです。とてもシンプルで、わかりやすいですが、３～４秒の理由や根拠を説明していきましょう。

ポイント　「４秒間の進行方向空間距離の確保」

進行方向で何が起こっても、いつものように停車することができますか？

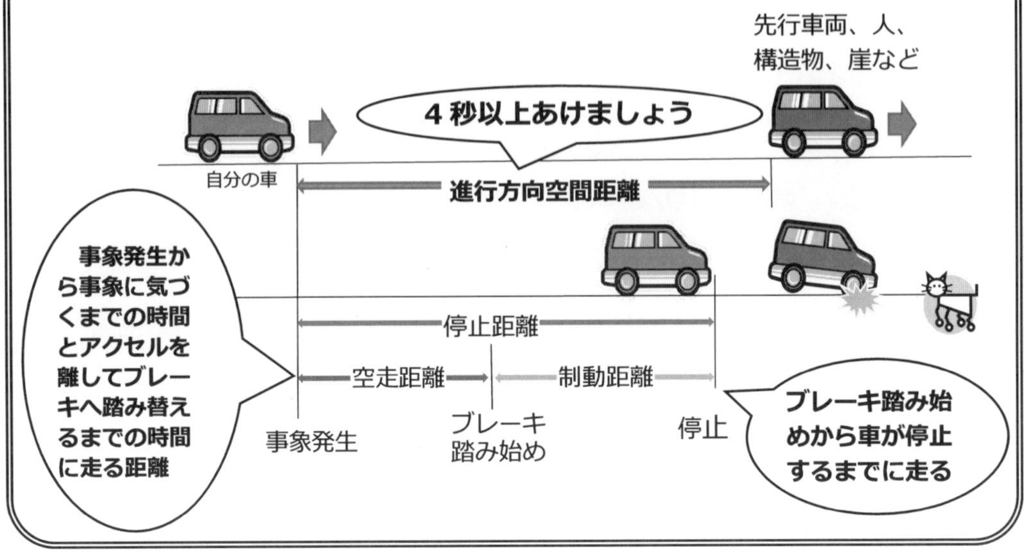

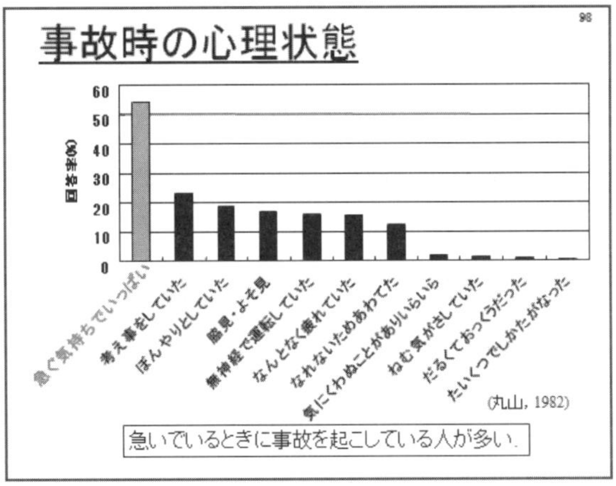

実際に行われた、**事故を起こした時の心理状態の調査**（複数回答）（丸山 1992）でも、事故を起こした人の半数以上は、「時間に追われていた」「遅れそうで焦っていた」など、**急ぎの気持ちでいっぱいだった**と回答しています。

例えば、「急いでいる時に、意味もなく前車に接近した瞬間に前車に急ブレーキを踏まれ、『あっ!』と思ったが間に合わず追突した。」、「交差点で一時停止も不十分なまま（動きながら）、パッと見て（瞬間視による確認）、サッと曲がろうとしたら（慎重さを欠いた動作）、陰から自転車が出てきたのに気付くのが遅れ、対処できずに接触した。」という具合です。「ブレーキを踏まないといけない。」、「ハンドルでかわさないといけない。」、などの**判断はできても、対応するための時間が足りず、動作が間に合わなくて失敗する**ことが多いのです。

ポイント「突発的動作の遅れと、突発的空走距離の延長」

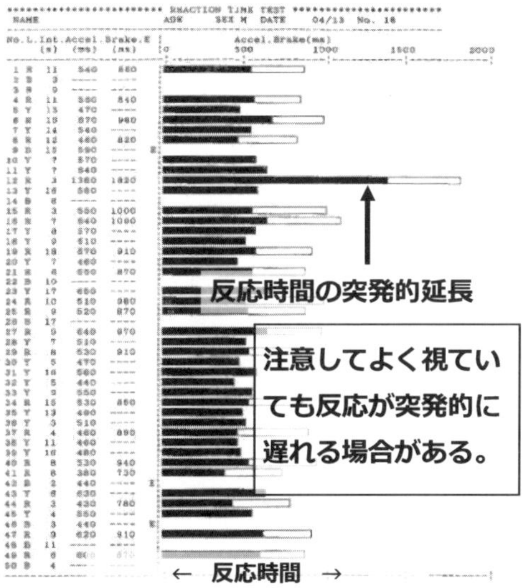

【「松永勝也名誉教授の消防署職員を対象とした検証結果では、運転時、前方の異変に気付いてからブレーキが利き始めるまで早くて 0.6 秒、ほとんどが **1.5 秒**以内だった。」そこで、一番反応に時間がかかった **1.5 秒を空走距離の基本**として考えます。そして６０㌔で走行している車が**ブレーキを踏んで停止するまでに 1.3 秒**かかるので、合計**２．８秒を車間距離の基本**としました。

周知する際にはわかりやすく**「３秒ルール」**として車間距離を提唱する。大分県警は交通安全チラシへの採用を決定しました。】（2015.9.24 毎日新聞）といった内容の記事が掲載されました。「警察は少し遠慮して３秒と言っていますが、**ほんとは４秒以上の車間時間を推奨**と紹介してください。」というのは、松永先生ご本人のお言葉です。2017 年４月放送の、NHK「ためしてガッテン」でも紹介されました。

この記事で注目すべきなのは、

消防隊員のような身体能力が高いと思われる人の中にも、反応に **1.5 秒もかかった人がいた**という事実です。一般のドライバーの中にはもっと反応時間がかかる人がたくさんいるはずです。もしかすると、あなたもそうかもしれません。

一番スムースに反応ができた 0.6 秒を基準として車間距離を取って走行すると**「しっかり注意ができていても、突発的に遅れた 1.5 秒の反応時間の際には、空走距離の突発的な延長がおこり、衝突に至る」**という事態になります。

どんなに訓練された人であっても、普通はこの突発的な遅れの発生を予測することは不可能であることから、普段の反応が速い人であっても、この**「突発的認知反応時間の遅れによる停止距離の延長」を考慮に入れて、車間距離を決定するのが妥当である**と言えるのです。

トピック　「ドレイクの仮説」

ドレイク（C.A.Drake:1940）によると、知覚機能より動作機能が優れているとエラー（事故）を多発するということが示されています。作業能力が高いように見えても、**動作で尚早傾向を示す人はエラーが多い**というものです。

動作がすばやいということは、他人より速く良いものを取得できる可能性が高いので、普段の生活では得をすることが多いかもしれません。

もっと速く！と常にスピードアップを求めて、太古から私たち人間は進化してきたとも言えます。しかし現代の車社会の中では、どんなに素早く運転操作ができたとしても、エラーすなわち事故を起こしたら何にもなりません。

むしろ、もたもたして時間がかかったとしても、安全を確保した者が自動車社会では生き残っていけるのです。

自動車事故に限らず、事故の大半は知覚より
動作が上回る時に多発する。
（影付き部分がドレイクの理論での危険部分）

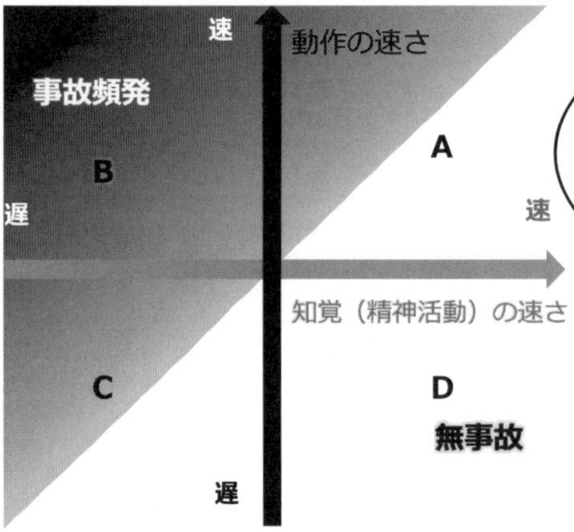

A…動作が速く、知覚も速い（一応安全圏）
B…動作は速く、知覚は遅い（動作が先走り失敗しやすい傾向：**危険性最高**）
C…動作が遅く、知覚も遅い（環境の変化にうまく適応できない傾向：危険性高）
D…動作が遅く、知覚は速い（一応安全圏）

忘れてはいけません。

運転では、どんなにゆっくりでも事故が無いことが望まれているのです。

運転作業には、認知・判断・操作の３つの段階があります。認知の段階と判断の段階でのエラーを「**ミステイク**」といい、いわゆる意図の取り違いを指し、「大丈夫だ」という思い込みから行動予測ハザードの予測（予知）ミス・エラーを誘います。また、運転**操作の段階でのエラーを「スリップ」**といいます。正しい意図をもって操作しようとしても、慌てて操作すれば、「アクセルとブレーキの踏み間違い」のような「スリップ」エラーが起こりやすく、運転中の事故の多くには「スリップ」エラーが関連していることがわかっています。

急速反復書字法（仁平、１９９０）

（出典：ヒューマンエラーの科学　大山正、丸山康則編）

「お」という文字をいくつ書けますか？☆　制限時間は１分です。

「何を言ってるの？失敗なんてしないよ！」と言う、そこのあなた。

次のアクティビティをやってみましょう。そして、自分がエラーを起こしてしまう瞬間を体験してみてください。

やり方は簡単です。下のようなマスにひらがなの「**お**」の字を１分間ひたすら書き続けるだけなんです。あなたはいくつ書けますか？

たくさん書いてくださいね。　　それでは、**よーい、はじめっ！！**

はじめ➡														15
														30
														45
				50										60
														75
														90
									100					

１００文字も書けたらすごい人です。でも、書いた文字の中に「**お**」と**読めないもの**や、どう見ても「よ」「み」「む」「ち」など**違う文字**になっているものがないでしょうか？もしあれば、それがスリップエラーによる失敗です。運転でいえば事故に当たります。

この体験では６０文字から７０文字が、だいたいの相場、限界のようです。

・注意深く「お」を書こうとしているのに、
「よ」「み」「む」「ち」、そのほかにも**「む」「す」「あ」**を無意識に書いてしまった。

・何を書こうとしているのかわからなくなった。**（意図のブロッキング）**

・書いている文字が、本当にこんな字だったのか不安になった。**（意味の飽和）**

ということが起こって、途中でまごついてしまったりするのです。
　ところが、たまにへそ曲がりな人がいて、何も言わなくても３０文字程度しか書いていませんが、**ゆっくり丁寧にミスなく**書く人もいます。

　これを運転に置き換えて考えると、**作業量が少なくても、エラーなく作業ができた人は、事故を起こしていない**と言えます。
　注意、熟練、知識という三拍子揃った状態でも、**「先急ぎ行動」をすると、エラーが発生する**という実験です。　　出典：「ヒューマンエラーの科学」
（大山正　丸山康則編／麗澤大学出版会）

　この体験からもわかるように、どんなにスムースに運転ができたとしても事故を起こすのであれば、多少もたついても事故なく安全な方が交通社会では上位であると私たちは考えています。

○危険克服行動と車間距離

危険回避に失敗して、緊急的に危険を避けようとする行動を「**危険克服行動**」といいます。急ハンドルや急ブレーキなどがこれに当たります。（急なハンドル操作で避けると２次的被害が発生し、被害が拡大する可能性が高いので、ブレーキで衝突前に停止することが基本です。）

仮に目の前の危険に気づくことができたとしても、危険に気づいてから「衝突」するまでの「**距離**」が、**「危険克服行動」をとるヒマもない程「近い」**と、間に合わない、**結果的に「衝突＝事故」となります。**

ドライバーさんに車間距離をとっているかと質問すると、大抵「車間距離はとっている（とっているつもり）」という答えが返ってきます。

しかし、客観的には、（適正で安全な）車間距離を知らない人が多いので、車間距離が不足している場合が多いのです。事故の後のインタビューなどでも、「気づいたらぶつかっていた！」、「いきなり自転車がつっこんできた！」、「前の車が急ブレーキを踏んだ」などのコメントをよく耳にします。自分ではちゃんと離れて走っていたと思い込んでいるのですから、このようなコメントになるのは当然ですよね。

道路交通法第２６条には、車間距離についての条文で「車両は、…他の車両等の直後を走行する場合は、その**直前の車両等が急に停止した時に**おいても、**これに追突するのを避けることのできる距離を保つこと**…。」とあります。でも、どれくらい空ければいいかは具体的に書いてありません。自動車事故防止の業界では、「十分に」「余裕をもった」「安全だと思う」車間距離といった、抽象的な表現での注意喚起が多いことから、ドライバーそれぞれが自分勝手に解釈をしています。その結果、**車間距離のとり方は人によってマチマチ、しかも、その大半は、適正で安全な車間距離とは言えないのが現状であり、大問題なのです！！**

危険回避行動　➡成功➡　安全な運転
➡失敗➡　危険克服行動　➡成功➡　ヒヤリハット体験
➡失敗➡　自動車事故

すごい事故防止法！

☆基本の型❸「進行方向への４秒間以上の無障害の空間の確保」

「基本の考え方」は、

◎　**急ぐと間違えやすい**

➡　ゆっくり動作をする時間をいつも作っておく必要がある。

➡　危険（ハザード）を含むかもしれない進行方向の視認対象から離れて、有効視野に全体を納めるようにして視ると余裕をもって、容易に危険を見つけることができる。

◎**いつでも、発見の遅れ・突発的動作の遅れ（空走距離の延長）が発生する可能性がある**

➡　いつも進行方向に対して時間をできるだけ確保し、危険に対応できる（止まれる）環境を自分で作っておくことが重要。（安易に距離をつめないこと。）

「基本の型」は、

◎ **先行車がいても、いなくても、下図のように、**

「いつも進行方向に４秒以上の無障害の空間を確保する」こと。

松永教授は車間距離ではなく、「**車頭空間時間（距離）**」という表現をされています。

車頭空間距離（進行方向空間距離）≧ 停止距離＋余裕

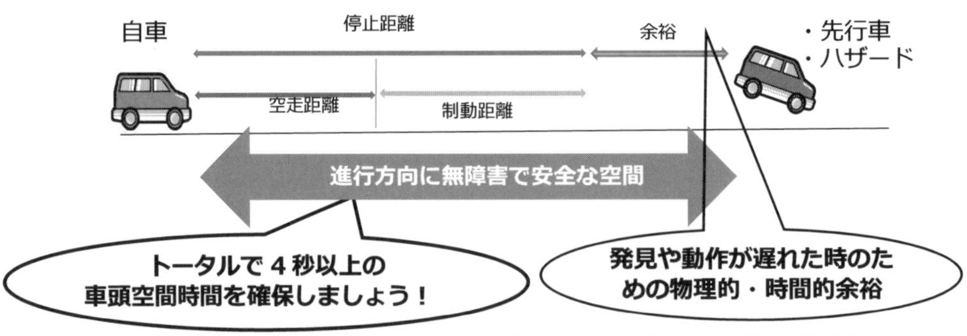

先行の車が、前方進行方向にある目印（街路樹、看板、電柱、道路標示なんでもいいです）**を通過した時から数え始めて、「４秒以上たってから自車がその目印に到達する状態」を常に維持しながら走行**します。「**ゼロゼロイチ、ゼロゼロニイ、ゼロゼロサン、ゼロゼロヨン**」と**ゆっくり数える**と、４秒により近くなり、速く数えてしまうことを防げるでしょう。

Ⅱ．有効視野で考える。

（人間の認知力に合わせた距離で考える。）

人間には弱点がたくさんありますが、
特に「人間の視覚には限界（弱点）がある」
ということについては第１章でも触れました。

運転中の外界情報を取り込むのに、８０％以上も視覚に頼っているにも関わらず**認識できる範囲がとても狭いという大きな弱点**があります。

この弱点を克服する一つのやり方として、**有効視野を考慮に入れた車間距離**について考えてみましょう。

大切なポイントは、運転状況を複雑にしないで、前方の車だけでなく、
進行方向の道路状況全体を注視点（中心視）に限りなく収めてしまおう
というところです。

では、中心視（野）とは、どれくらいの広さなのでしょうか？

【クイズ！】

**手を伸ばしてお月様を見たとき、
お月様とちょうど重なるコインは
どれだと思いますか？**

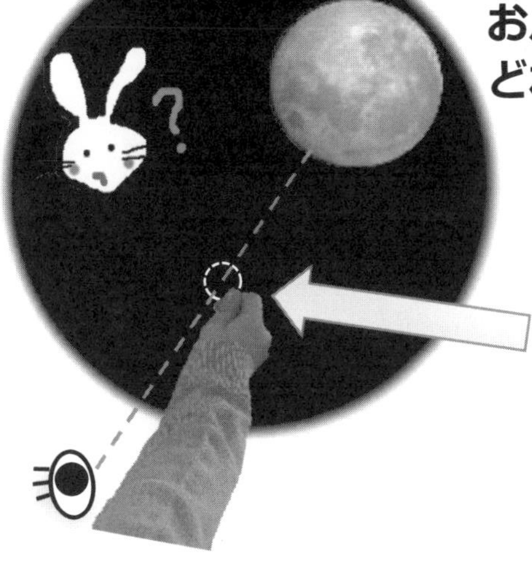

答えは次のページ

宮本敏夫　脳の働き「知覚と錯覚」角川ソフィア文庫より引用、一部変更

クイズの答え

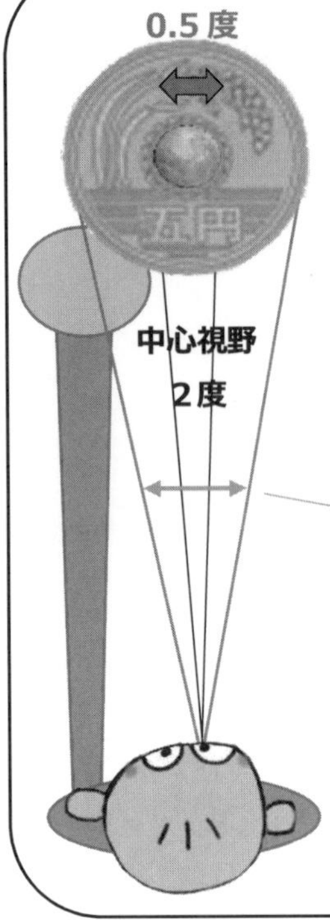

正解は、　「５円玉の穴」に重なる　でした。

手を伸ばしてお月様を見たとき、その外径と重なるのは、なんと「**５円玉の穴**」でした。

みなさんは、月をもっと大きく感じていませんでしたか？

人間の目で見える範囲（視野）は、およそ２００度です。

その中で月の大きさが占める割合、目の角度（視角）は、わずか**０．５度の広さ**しかないのです。

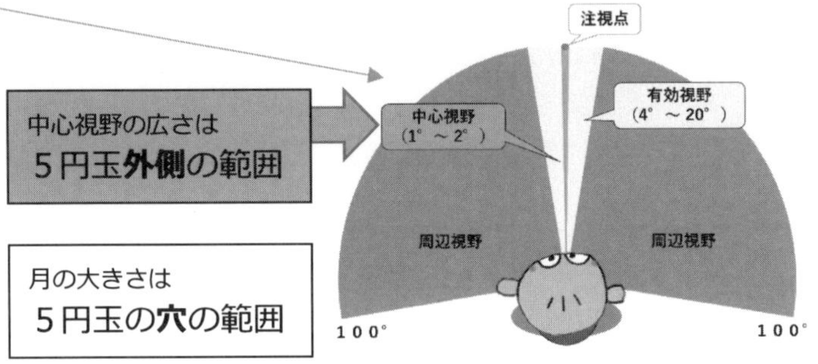

というのはマメ知識でしたが、

ここでお伝えしたいのは、手を伸ばしてみて、

「５円玉の外側の円に重なる広さ」が、ちょうど中心視（野）と同じくらいになるということです。穴よりはだいぶ広いですが、これでも**視角はたった２度**しかありません。

こうしてみると、見えている範囲全体は約２００度と広いのですが、

「状況を確認できるくらい細かくきちんと見える範囲」は、すごく狭いですね。

視力検査で測った自分の一番いい視力で視《み》るためには、この２度の範囲内で視《み》ないといけないということになりなす。

ということは、**ちょっと離れて、視《み》たいものをこの５円玉の範囲に入れて視《み》る**ようにとらえれば、お月様の全体が見えて、ウサギがモチをつく様子もわかるくらいに**一目でよく見える**ということになりますね。

逆に、よく視《み》ようと近づきすぎるとクレーターの一部はよく見えても、全体が把握できなくなってしまいます。

映画もあんまり前の席で観賞すると全体が見えずキョロキョロ…

けっこう疲れてしまいますよね…

スクリーンからちょっと離れて、真ん中あたりの座高が低い人の後ろの席がお勧めです。

「近づきすぎると、全体が見えにくい」
という理屈は、運転中もまったく同じです。

前車に近づけば近づくほどに、全体の一部である前車が視界に占める範囲がどんどん大きくなり、道路状況全体の把握ができにくくなっていきます。

つまり、死角が増える、見落とすリスクが上昇するということです。

例えば走行中だと、**前方の状況を５円玉の範囲に入れてしまうイメージ**で、**ちょっと離れて観察すれば、前車だけでなく信号や横から侵入してくる車なども、前を見据えたままでも、遠くまで広く一度に把握することができる**のです。

少し離れるだけでも、視線を動かさずに見える範囲が広いのがわかりますか？少ない視点移動で済む上に時間をかけることができるので、全体の把握が楽になります。

近いと前の車のことしか一度に把握できないので、キョロキョロと必要以上に目をたくさん使います。疲れ易く、結果的に見落としも増加します。

Q.２５

中心視が２度しかないということはわかりましたが、具体的に車間距離をどのようにして確保するのですか？

A.　５円玉を使って、一発で距離を測ります。

「４秒間の車間時間」が理解できたら、次のような方法もおすすめですよ。是非やってみてください。

○　**５円玉運転法**（2015 江﨑）

ご紹介している、「進行方向に 4 秒間以上の無障害空間の確保」を身につけるために、こんな方法もお勧めです。次のように応用すると、車間距離の目安に使えます。

実際の運転では５円玉に注意がとられると危ないので、
親指の先っぽの大きさを５円玉に見立ててやってみるのもいいですよ。

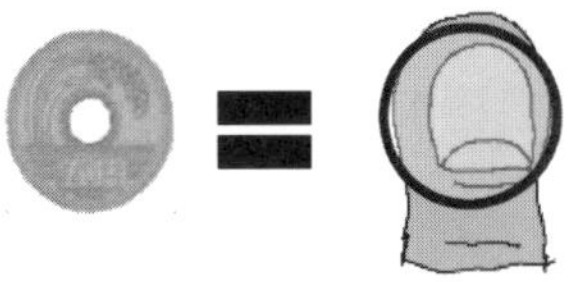

「５円玉を持った手を軽く伸ばして（目から 50cm の距離と仮定）前車と重ねる。」というやり方です。

【５円玉の外輪に重ねた時】

視角は約２度です。
前車の車幅を２ｍとすると、車間距離は約 50 メートル離れている計算になります。
（視線の高さや曲率は無視して計算）
時速４０キロ走行時の車間時間は４秒以上確保できています。

【５円玉の穴に重ねた時】

視角は約０．５度です。

前車の車幅を２ｍとすると、車間距離は約２００メートル。

（視線の高さや曲率は無視して計算）

時速１００㌔走行時の車間時間は約７秒に相当します。４秒以上の車頭空間の確保も楽にクリアしていますね。是非お試しあれ。

Ⅲ．交通社会におけるマナーで考える

おまけで、交通社会も一つの公共の場であるということから車間距離を、社会人としての、**マナー（manner：態度・行儀・作法）**という観点でも考えてみましょう。

○　自分の縄張り！「パーソナルスペース」と車間距離

人間には、基本的に「自分の周りに専用の空間を保持したい」という心理があります。この空間を犯されると、なんとなく不快で、不安になります。この自分専用の空間のことを**「パーソナルスペース」**や「ボディゾーン」などといいます。

一般的な距離の目安は、もちろん個人差はありますが次のように言われています。

１．密接距離（愛情距離）　［ 親密な関係 ］　**45cm 以内**

家族や恋人など身体的な触れ合いが容易な距離

２．個体距離　［ 個人的な関係 ］　**45cm ～ 120cm**

友人、親しい知人などと個人的な会話をする時の距離

３．社会距離（ビジネス用距離）　［ 社交的な関係 ］**120cm ～ 350cm**

職場で業務上上司と接する時、同僚と一緒に仕事をする時の距離

４．公共距離（例えば講演会、演説、などの距離）**360cm 以上**

出典：文化人類学者エドワード・ホールの研究より

典型的な事例は、電車の中でも見られます。７人掛けの座席　（ロングシート）に誰も座っていない状態です。あなたが座るとすれば、どの席に座りますか？

このように席が空いていれば、乗車してきた人は大抵、座席の端から座ります。

片方の端が埋まると反対の端が埋まります。

このように、乗車してきた人は席が空いていれば、無意識に座席の端から座ろうとします。端に座れば確実に片側のパーソナルスペースが確保されるのです。

次の人は端に座っている人から２人分の距離を置いて真ん中に座ります。

自分の周囲にできるだけ広いスペースを確保しようとするようですね。

あなたが左端に座っていると、他の席は空いているのに、**次の人**が真横に座ってきたとします。どう感じますか？

突然の密接距離への進入ですから、親密な関係でない限り、あまりいい気はしないのではないでしょうか。私だったら嫌ですね。（笑）二人掛けのシートでは、隣に誰も座れないように荷物を置いてしまう人もいますよね。気持ちはわからないでもないですが、迷惑ですので荷物は網棚へ・・・。

ともかく、そうやって相手が、自分の**パーソナルスペース**を犯し始めると、人間は、ストレスを感じて無意識に色んな仕草をし始るのだそうです。自分の体をあちこち触ったり（自己タッチ）、視線をさけたり、それ以上になると腕を組んだり、腕を腰にあてたりします。

近づいただけなのに、逃げだしたり、怒ったりする人さえもいます。KLM オランダ航空が広くてゆったりできる自社のビジネスクラスをコマーシャルするために作成した「パーソナルスペースについて実験したビデオ」があります。

とてもおもしろいので興味のある方は WEB で検索してみてくださいね。

ポイント　**「運転時のパーソナルスペース」**

新型コロナウイルス感染予防対策として、「ソーシャル・ディスタンス」の確保が推奨されました。他人との距離を２ｍ以上とることが求められたのです。これは、前述の「３．社会距離」に該当しています。また、くしゃみをしたときに放出される飛沫の到達距離は２ｍ程度といわれていますので、咳エチケットを施した上で２ｍの距離をとる、というのは新型コロナ感染予防対策としては適切です。

では、運転時の他車との距離はどのくらいとるといいのでしょうか？

車の運転時にも**「パーソナルスペース」**は存在しているようです。車を運転している際のパーソナルスペースについて、「話を聞かない男、地図が読めない女」の著者として有名なアラン・ピーズさんがこう記しています。

「車を運転するとき、人はいつもとはまったく異なる縄張り意識を持つ。自動車には、パーソナルスペースを拡大する働きがあるらしい。ハンドルを握っているときは、いつもの最大１０倍、つまり**自分の車の前後８～10 メートルまでがパーソナルスペースとして認識される**。だから前方にほかの車が入ってくると、とくに危険な運転でなくても、ドライバーは頭に血がのぼって怒りだす。」

引用：「本音は顔に書いてある」（アラン・ピーズ著）

というものです。

車を運転している時、人は、縄張り意識を持って運転しているのです。

このような**縄張り意識**は、自分の前に進入（合流）してきた車に対して、**「割り込まれた！」と表現する**ことに一番表れています。道路上のスペースは公共のもので、個人のものでは無いにもかかわらず、自分の前１０ｍくらいは、自然と自分専有のスペースとして認識しているからこその表現でしょう。

ここで、注目しておきたい現象があります。**「前方に他の車が入ってくると、それが特に危険な運転でなくても、入られたドライバーは頭に血がのぼって、怒りだす者もいる。**」というところです。

トピック　路上の激怒【road rage】（parry,1968:Novaco,1985）

交通社会では、ドライバー同士で言葉を交わせない分、お互いの意思疎通が困難です。**カーコミュニケーションが、たびたび攻撃行動に発展することがあります。この現象を欧米では「路上の激怒」と呼び、最近特に問題視されています。**

もちろん日本でも同様です。もともと人間は他人に近づかれると、不愉快になったり、警戒したりします。一番の**攻撃行動**ととられるのは「**クラクション**」です。ちなみに「クラクション」に関しては自然発生的に「クラクションランゲージ」（木下 1974）なるものが交通社会には存在します。しかし、クラクションランゲージは交通法令に定まっているわけではなく、クラクションの鳴らし方や、鳴らされた方の受け取り方はまちまちです。

クラクションの鳴らし方には３種類あるとされます。（蓮花 1986）

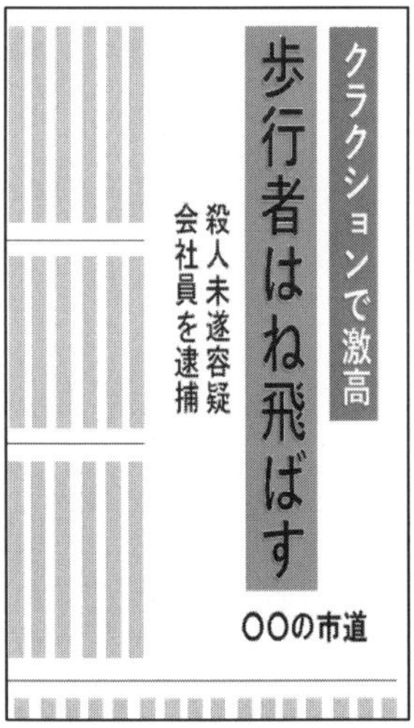
クラクションで激高
歩行者はね飛ばす
殺人未遂容疑
会社員を逮捕
OOの市道

クラクション以外の非公式のコミュニケーションとしては、「**あおり運転**」や「**パッシング**」などもよくトラブルを生んでいるようです。　**悪気がなくても、安易に前を走る車に詰め寄ると、相手の車は、「あおられている」＝「攻撃されている」と感じる**ことがあります。意思の疎通がうまくいかないと、「路上の激怒」を誘発するかもしれませんね。イライラが沸点まで溜まったタイミングでクラクションを鳴らされたりすると、そのことがトリガー（引き金）になり一気に怒りが噴出することもあります。あおり運転で　検挙されたドライバーの９５%が、「相手が先に仕掛けてきた」と供述しています。これで、殺人事件さえ実際に起こっています。

２０２０年6月３０日より「妨害運転罪」が創設され、「あおり運転」は、違反１回で即免許停止となりました。さらに最大で５年の懲役または 100 万円以下の罰金が課せられます。あおり運転を誘発しませんよう、くれぐれもご用心を。

そもそも、運転という作業はフラストレーション（欲求不満）が溜まる作業であり、

他人のパーソナルスペースにも十分気を配る余裕も大切

悪気が無くても、**不用意に前車に近づきすぎない、必要のないクラクションは控える**といった配慮は、**衝突（接触）の交通事故とは違う視点でのトラブルを防止する**ことにも繋がりそうです。

ちなみに、走行中だけでなく、他人のパーソナルスペースを意識して、
停止中にも前の車と距離をとることが大切です。

信号などで停車中は、周辺とどれくらいの距離を空けて止まりますか？

トピック　**信号などの「停車中」はどれくらいの距離で止まっていますか？**

それでは皆さん、頭の中でイメージしてみてください。

あなたが乗用車を運転していると、信号が赤になりました。前の車が止まるのに続いてあなたも車を停車させました。フロントガラス越しに前の車が見えていますが、自車のボンネットの前端のラインに前の車の何が見えますか？

①バックガラス

このライン↓

②トランク

③テールランプ

④バンパー

⑤ナンバープレート

⑥タイヤ（道路との接地面）

⑦道路

①と②になっている方は、近すぎる上に、運転姿勢も悪いはずです。

目安ですが、最低でも④「バンパー上が見えるくらい（１ｍ２０cm程度）」は取る必要があります。

これは前車が故障して立ち往生したり、救急自動車が接近したりした際に、一般的な車両がハンドルをいっぱいに切って、左右どちらにも車を逃がすことができるぎりぎりの空間です。これより近いと緊急時に、前車が邪魔になって脱出できなくなる恐れがあります。

お勧めは、⑥「タイヤの接地面が見えるくらい（３ｍ３０cm程度）」以上です。

これくらい離しておくと、前車へプレッシャーや威圧感を与えませんし、救急車などが脇路から交差してきた際にも、前車と自車の間を通り抜けるのを邪魔せずに済みます。公共の場として道路をとらえるならば、他者（車）への礼儀、マナーも含めてこれくらいのスペース（空間）を考慮することが肝要です。

Q.２６

この本に書いてあった３つのすごい方法を意識して続ければ、自動車事故を防げるのですね。

A.　その通りですが、意識しないとできない間はまだダメです。無意識でもできる状況（いわゆる習慣化した状態）になって初めて、事故を防げます。

ポイント　**「継続しないと意味がない」**

さて、風邪の予防でも、**「基本の型を継続してできるかどうかというのがポイントです。」**とお伝えしましたが、自動車事故も同じです。

「どのようにやるか」と**「どうやってやり続けるか」**が大切です。

正しいやり方を知っていたとしても、継続的にやり続けないと、結局その効果は見込めません。「正しいやり方で、継続しないと意味がない」のです。

自動車事故防止の「基本の型」【３つのすごい事故防止法】

❶　全ての運転操作の前の確認行動

❷　完全に停止した状態での、時間をかけた確認行動

❸　進行方向への４秒間以上の無障害の空間の確保

ご紹介した、正しい多段階停止による安全確認の方法と車間距離の正しいとり方を身につけ、継続すれば自動車事故の８割以上は防ぐことができます。

トピック　「学習の５段階レベル」

習慣化には少なからず繰り返しの学習と訓練が必要です。そこで、その達成具合の目安をご紹介します。習慣化への道のりは長く厳しいですね。

学習といえば、通常は、レベル２のところでわかったつもりになって中断してしまうことが多いものです。しかし、自動車の運転に関しては、免許取得が必要なので、最低でもレベル３までは到達している建前です。**運転技術的な観点**では、レベル２～３がペーパードライバー、レベル３～４が日常的に車を利用するドライバー、レベル４～５がプロドライバーといったところでしょうか。

しかし、**自動車事故防止の観点**では、技術面で人より劣ったとしても安心してください。あなたの安全確保に関する学習の段階がレベル５であれば自動車事故に遭うことは、ほとんどないでしょう。「止まって視る、視てから動かす」というように、やること自体は難しくないので、この本を読んでいる今が「学習・訓練・習慣化」のチャンスです。この機会にしっかり身につけてしまいましょう。

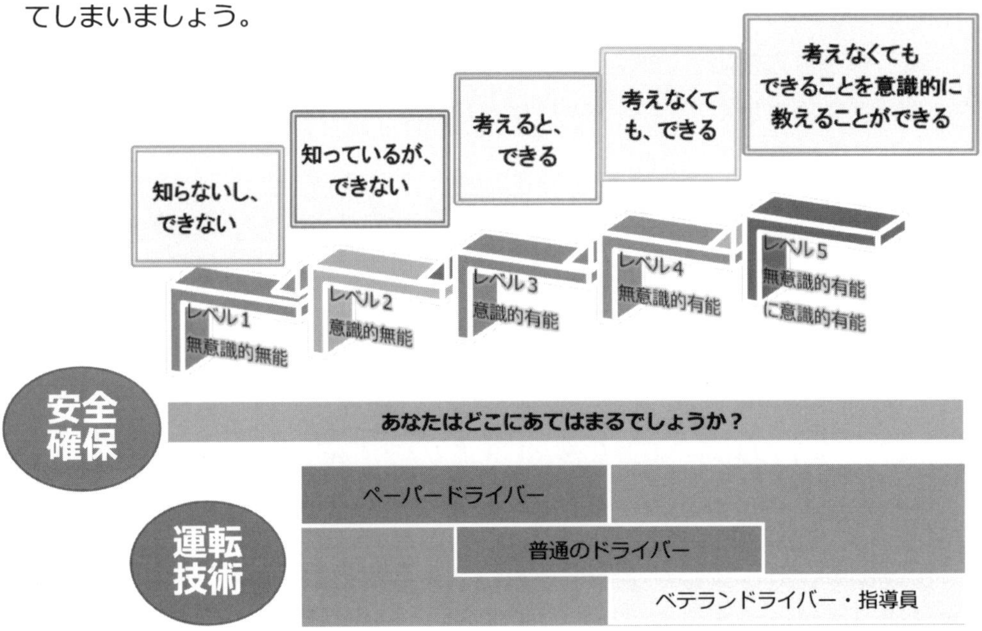

駐車場を含め、道路上は、いつも、どこでも、危険が常態です。
安全はあなた自身が創らないと、誰もあてにはなりません。

あとがき

この本のコンセプトは、「自動車事故防止を簡単に実現する」です。

毎年５０万件ほどの自動車事故が起き、件数以上のケガ人が出ています。その中の３，０００人ほどがお亡くなりになります。そうして飲酒運転事故、高齢者の事故、スピード超過の事故などだと、ＴＶ・新聞やネット上でバンバン報じられます。しかしマスコミなどで報じられるこのようなインパクトのある事故はほとんどがレアケースで、件数はそれほど多くありません。自動車事故のほとんどは悪質というよりは「悪意の無いちょっとした油断や不注意」により引き起こされます。この本は、そのような「大多数の、悪意の無い、ちょっとした工夫で防げるような事故」を対象としています。

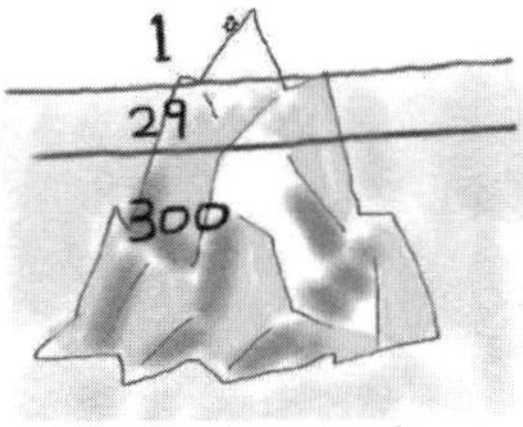

事故は氷山の一角

「ハインリッヒの法則」というのがあります。１件の重大事故のカゲにたくさんの軽微な事故やヒヤリ・ハットが存在するというものです。

本当の問題はカゲに隠れているので、そのカゲに隠れている分母の部分を減らそうという考え方です。

病気の予防に例えるなら、ガンや脳卒中といった重大な病気の予防ではなく、毎年、何万人、何十万人の人を悩ませる風邪やインフルエンザの予防を考えてみようというような趣旨です。風邪を予防するその延長で重大な病気も防ぐことができればもうけものです。風邪予防には「うがい」「手指衛生の徹底」「マスクの着用」の習慣化と、「他人との身体的距離の確保」すなわちウイルスに近づかないことが基本です。

自動車事故防止の基本はというと、自動車事故のほとんどは「低速時」に「発見の失敗・遅れ」を原因として発生し、車両相互の事故であれば「追突か出合い頭」と大体の相場が決まっています。とりあえずはここに着目して事故防止に取り組めば、大半の事故は防げます。風邪予防には「うがい」「手洗い」をまずやっておくことが重要なように、自動車事故防止では「停止した状態での安全確認作業」と「４秒程度の車間距離」がこれにあたります。これをしっかりやれば、自動車事故の８割以上を防止できます。

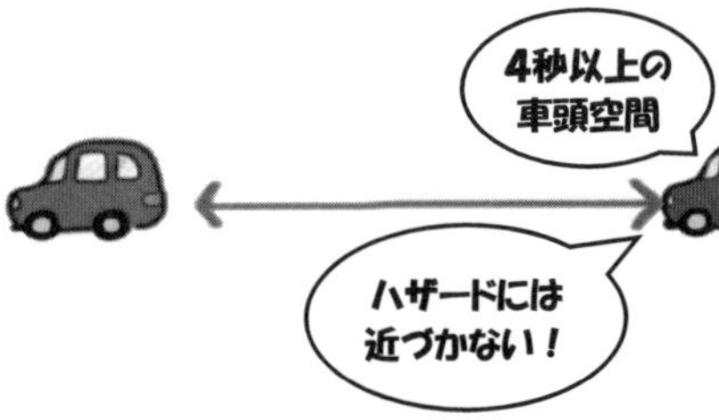

でも、人間はただ「やれ！」と言われても実行には移しません。やるためには「あー、なるほど！」といった理解（インテリジェンス）と「じゃぁ、やってみよう」といった動機（エモーション）の両方がそろうことが必要です。

仕事柄、あちらこちらの運輸（運送）関係の会社で事故防止のお手伝いをさせてもらいますが、「停止した状態での安全確認作業」と「４秒程度の車間距離」といった簡単なことがなかなか定着しないのが現実です。この本は、やってみようか、と思うきっかけになればと思って書いたものです。

いままで３０年間やってきました「自動車事故防止」活動の中で、結局結論として手っ取り早くできて簡単な方法として、「停止した状態での安全確認作業」と「４秒程度の車間距離」に行き当たりました。

なお、この本の中心となる自動車事故防止のための考え方は、NASVA 自動車事故対策機構専門委員の　松永 勝也　先生（九州大学名誉教授）の直接のご指導と、先生の著作・資料等から多く引用させていただきました。ご多忙の中、執筆の相談にも快く応じていただき誠にありがとうございました。

資料

交通事故防止の人間科学【第２版】
松永勝也　編
ナカニシヤ出版
2006 年　発行

【その他の参考文献】順不同

・@nifty 何でも調査団

・警察庁交通局統計

・交通心理士講習用テキスト［交通心理学 2-2］長塚康弘

・イリュージョンフォーラム　http://www.kecl.ntt.co.jp/IllusionForum/

・北岡明佳の錯視のページ　http://www.psy.ritsumei.ac.jp/~akitaoka/catalog.html

・ICAO「事故防止マニュアル」1984
　運輸安全委員会「事故の再発防止に資する事故調査のあり方」

・ヒューマンエラーの基礎知識（立教大学教授 芳賀繁）

・交通事故学（早稲田大学教授 石田敏郎）

・京都大学保健管理センター予防医療学：川村孝教授
　http://www.hoken.kyoto-u.ac.jp/wp-ontent/uploads/2015/03/gargle2007.pdf

・家庭の感染予防アイテム http://kansenyobou.net/

・神奈川県厚木保健福祉事務所ホームページ「手洗いの方法」
　http://www.pref.kanagawa.jp/cnt/f70259/p507472.html

・ヒューマンエラーを防ぐ知恵（中田亨）

・コトバンク：世界大百科事典

・「交通危険学」（蓮花 一己著、啓正社）

・「交通心理学」（蓮花 一己・向井 希宏 著、NHK 出版）

・21 世紀の社会心理学 10（監修 高木 修）「交通行動の社会心理学」（蓮花 一己　編集）

・独立行政法人自動車事故対策機構（NASVA）平成 19 年度一般講習テキスト

・高齢ドライバーのためのミラーリング法によるメタ認知教育プログラム開発
　太田博雄（平成 23 年度タカタ財団女性研究論文）

・脳の働き「知覚と錯覚」（宮本敏夫）角川ソフィア文庫

・《交通心理学入門」D.シャイナー (著), 野口 薫 山下 昇

・「ヒューマンエラーの科学」（大山正　丸山康則編／麗澤大学出版会）

・文化人類学者エドワード・ホールの研究

・「本音は顔に書いてある」（アラン・ピーズ著）

・自動車事故の科学（林　洋著）

・オランダの航空会社「KLM」のパーソナルスペースに関する実験

プロフィール

企画・原案：江﨑　利昭（esaki toshiaki）

1960 年福岡県生まれ　糸島市在住

独立行政法人自動車事故対策機構（NASVA）で 30 年以上自動車事故防止業務を担当。多くの運送事業者の事故防止コンサルティングを手がける。

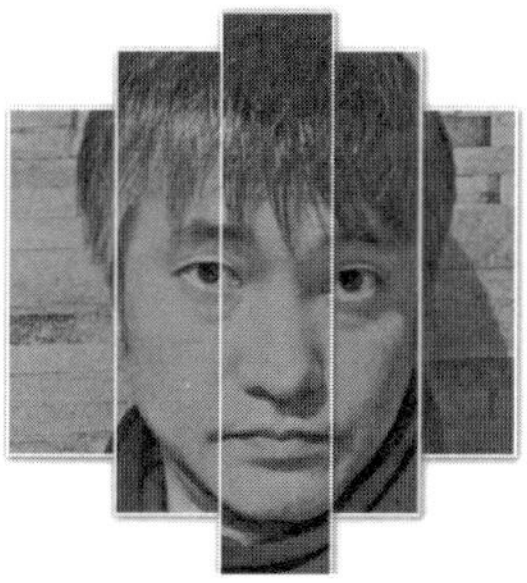

協同執筆：福田　善之（fukuda yoshiyuki）

1973 年佐賀県生まれ　古賀市在住

独立行政法人自動車事故対策機構（NASVA）で主に自動車事故防止業務を担当。これまでの江﨑の資料を加筆・編集。あわせてイラストを担当。

この本の内容については、個人的見解を述べたものであり、独立行政法人自動車事故対策機構（NASVA）の見解とは一切関係ありません。

監修：松永　勝也

（九州大学名誉教授）

企画・原案：江﨑　利昭

協同執筆・編集・イラスト：福田　善之

スペシャルサンクス：大場　早織

令和 3 年 8 月

本書特典「カラー版ダウンロードサービス」のダウンロードの方法について

○特典のカラー資料は以下の URL よりダウンロードできます。
https://www.kigyo-kc.co.jp/sugoi/tokucolor.zip
○ダウンロードファイルを解凍するパスワードは以下となります。
anshindrive

【留意事項】
※本サービスは、インターネット環境を利用したサービスです。接続環境がない場合はご利用いただけません。
※本サービスは期間限定です。一定期間後、本サービスは予告なく終了いたします。予めご了承ください。
※圧縮されたファイル（ZIP ファイル）でのダウンロードとなります。ダウンロード後のデータの展開については、ファイルの解凍作業が必要になります。ご使用の OS（Windows10、Windows11、MacOSX など）にあわせた解凍アプリケーションをご用意いただき、解凍してください。
※特典のカラー資料は PDF 形式となります。閲覧には、PDF ファイルの閲覧環境が必要です。
※特典のカラー資料がダウンロードできないことを理由とした書籍の返品には応じかねます。予めご了承ください。

すごい事故防止　これだけ教えれば自動車事故が 8 割減るって知ってた？

発　行　2021 年 10 月 15 日　初版発行
著　者　江﨑 利昭　福田 善之
発行者　奥川　光寿
発行所　株式会社企業開発センター
〒160-0004 東京都新宿区四谷 4-32-8 YKB サニービル
電話 03-3341-4915　FAX 03-3351-5120
〒541-0052 大阪府大阪市中央区安土町 1-8-6 大永ビル
電話 06-6264-1660　FAX 06-6264-1670
発売所　株式会社 星雲社
〒112-0005 東京都文京区水道 1-3-30
電話 03-3868-3275　FAX 03-3868-6588

印刷所　株式会社ケー・ワークス
＊著作権法により、無断コピー、複製、転載は禁じられています。
＊万一、落下、乱丁本がありましたら、お取り換えいたします。
＊定価は裏表紙に表示してあります。
ISBM978-4-434-29550-8 C0037　　Printed in Japan